අෂ්ටනාරී සන්දේශය

යුවතියන් අට දෙනකු විසින් රැගෙන ගිය
කාව්‍ය පණිවිඩය

Aṣhtanārī Sandēśaya

ආචාර්ය බණ්ඩාර බණ්ඩාරනායක

අෂ්ටනාරී සන්දේශය

ප්‍රකාශන හිමිකම @ 2023 බණ්ඩාර බණ්ඩාරනායක

ප්‍රථම මුද්‍රණය - 2023

කතුවරයාගේ නම සහ පොතේ මාතෘකාව නිවැරදි ව සඳහන් කිරීමෙන් අනතුරු ව මෙම පොතේ අන්තර්ගතය ඕනෑම ශාස්ත්‍රීය කටයුත්තක් සඳහා භාවිත කිරීමට හෝ ප්‍රතිනිෂ්පාදනය කිරීමට අවසර ඇත.

නිර්දේශය:

බණ්ඩාරනායක, බණ්ඩාර. (2023). අෂ්ටනාරී සන්දේශය: යුවතියන් අට දෙනකු රැගෙන ගිය කාව්‍ය පණිවිඩය. මෙල්බර්න්, ඕස්ට්‍රේලියාව.

Bandaranayake, Bandara. (2023). Aṣhtanārī Sandēśaya: Poetical Message Through Eight Damsels. Melbourne, Australia.

ISBN: 9780645213348

Bandaranayake Consulting Services
Melbourne, Australia

පිළිගැන්වීම

මගේ ආදරණීය සහෝදරියන් දෙදෙනාට:
බී. එම්. සුමනා කුමාරිහාමි සහ බී. එම්. කරුණාවතී

මෙම ග්‍රන්ථය ඉංග්‍රීසි භාෂාවෙන් ද ප්‍රකාශයට පත් කර ඇත.

Aṣhtanārī Sandēśaya: Poetical Message Through Eight Damsels. Melbourne, Australia. 2023

මෙම ප්‍රකාශනය ගැන වචනයක්

අෂ්ටනාරි සන්දේශය නොහොත් "යුවතියන් අට දෙනකු විසින් රැගෙන ගිය කාව්‍ය පණිවිඩය" යනු ශ්‍රී ලංකාවේ පුස්කොළ පිටපත්වල ලියා තිබී සොයා ගන්නා ලද සන්දේශ කාව්‍ය ග්‍රන්ථයකි.

මෙම කෘතිය රචනා කර ඇත්තේ උඩරට රාජධානියේ (ක්‍රි.ව. 1469 සිට 1815) මුල් යුගයේ සත් කෝරළයේ මැටිඔළුව නම් ගම්මානයේ[1] විසූ කවියකු විසිනි. මෙම සන්දේශයේ පරමාර්ථය වූයේ නුවරකලාවියේ හුරුළු පළාතේ[2] අධිපතියකු වූ උලගල්ල දිසාව මැතිඳුන්ට සුබ පැතීමට සහ ඔහුගේ පාරම්පරික උරුමයෙන් හිමි වූ රට තොට නැවත නිදහස් කර ගැනීමට දෙවිවරුන්ගේ ආශිර්වාදය ඉල්ලා සිටීමට යි.

යුවතියන් අට දෙනකුගෙන් සමන්විත වූ මෙම දූත පිරිස කවියාගේ ගමට යාබද පිහිටි නාථගනේ ගම්මානයෙන් ගමන ආරම්භ කර කිලෝමීටර් සියයකට ආසන්න දුරක් ගමන් කර නුවරකලාවියේ ගැටුලාගන් විහාරයට (දැනට හඳුන්වනු ලබන්නේ තලගුළු විහාරය නමිනි) ළඟා වී මෙම සංදේශය ඔප්පු කර සිටිති.

මම මෙම සන්දේශයේ කාව්‍ය සටහන් කර තිබූ පුස්කොළ අත්පිටපත් ඒකරාශි කරගෙන ඒවා සංසන්දනයකට සහ විශ්ලේෂණයකට ලක් කළෙමි. මෙම උත්සාහයේ ප්‍රතිඵලයක් වශයෙන් මට මෙම කාව්‍යයේ විශ්වසනීය පිටපතක් සකසා ගැනීමටත් මෙම ප්‍රකාශනය මගින් මෙම සංදේශය පාඨකයන් වෙත ප්‍රථම වරට ඉදිරිපත් කිරීමටත් හැකි විය.

---

1 වර්තමාන බෙදීම් අනුව මෙම ප්‍රදේශය කුරුණෑගල දිස්ත්‍රික්කයට අයත් ය.

2 වර්තමාන බෙදීම් අනුව අනුරාධපුර දිස්ත්‍රික්කයට අයත් ය.

මෙම සන්දේශය පිළිබඳ සාහිත්‍ය ඇගයීමක් කිරීමෙන් අනතුරු ව හෙළි වුයේ සත් කෝරළයේ පිටිසර ගම්මානයකින් බිහි වූ මෙම කවියාට කාව්‍යය නමැති ශ්‍රවණ මාධ්‍යයේ සියුම් ස්වභාවය පිළිබඳව මනා අවබෝධයක් ද, නිර්මාණශීලීත්වයක් ද, කාව්‍යමය තීක්ෂ්ණ බුද්ධියක් සහ භාෂා ප්‍රවීණත්වයක් ද තිබුණු බව ය. සිංහල භාෂාවේ කථන රූප සහ රිද්මයානුකූල ගුණාංග ඇතුළු කාව්‍යමය එලදායි ශෛලීන් යොදා ගනිමින්, ශ්‍රාවකයන්ගේ සිත් තුළ මනෝ රූපයන්, චිත්තවේගයන් සහ අර්ථකථනයන් ඉස්මතු කිරීමට මෙම කවියා දැක්වූ සාමර්ථ්‍යය මම නිරීක්ෂණය කළෙමි.

මේ හැරුණු විට ඉතාමත් ම කුතුහලය දනවන කරුණක් වූයේ මෙම සන්දේශයේ පසුබිම තුළ සැඟවී ඇතැ යි පෙනී ගිය දේශපාලන අරගලයකි. එනම් දකුණු ඉන්දීය සම්භවයක් ඇති නුවරකලාවියේ ප්‍රධානීන්ට දේශපාලන වශයෙන් දේශීය සිංහල බෞද්ධ සමාජයට අනුවර්තනය වීමේ දී ඇති වූ අභියෝගයන් ය.

මෙම සංදේශය ආරම්භ වන නාථගනේ ගම්මානය කෝට්ටේ සහ සීතාවක යුගයේ පැවැති මුණ්ඩකොණ්ඩපොළ ප්‍රාදේශීය රාජධානියේ අගනුවර වන්නේ ය. (බණ්ඩාරනායක 2022). මෙම රාජධානි සමයේ ඉතාමත් ම කැපී පෙනෙන ලක්ෂණයක් වූයේ දකුණු ඉන්දීය ප්‍රභූ පැලැන්තියේ පවුල් රැසක් මෙම ප්‍රාදේශීය රජවරුන්ගේ අනුග්‍රහය ඇති ව සත් කෝරළයේ සහ නුවරකලාවියේ රට තොට නම්බු නාම සහ ප්‍රධානි තනතුරු ලබාගෙන පදිංචි වූ ආකාරය යි. අවසානයේ දී ඔවුන් සිංහල බෞද්ධ සමාජයට අවශෝෂණය වී ඇත. (බණ්ඩාරනායක 2021, 2022).

උලගල්ල දිසාව මැතිඳුන් ද පැවත එන්නේ දඹදෙණි රාජධානි සමයේ (ක්‍රි.ව. 1220 සිට 1345 දක්වා) බුවනෙකබාහු රජුගෙන් ඉඩම් සහ ගෞරව නාම සහ අධිපති තනතුරු දිනාගත් දකුණු ඉන්දීය සම්භවයක් ඇති ඉලංගසිංහ කළු කුමාර බණ්ඩාරට උරුම වූ පරම්පරාවකිනි. මෙම සන්දේශය රචනා කරන කාලය වන විට (එනම් 17 වැනි සියවසේ මුල් භාගයේ දී) උලගල්ල පරම්පරාවේ බලය සහ වරප්‍රසාද පහ ව යමින් පැවැති බවක් පෙනෙන්නට තිබූ අතර ඔවුන්ගේ යම් පුනර්ජීවනයක් සඳහා දිව්‍යමය මැදිහත් වීමක් අවශ්‍ය බව හැඟී ගොස් ඇත. මෙම සන්දේශය එම අභිලාශයේ ප්‍රතිඵලයකි.

විශේෂයෙන් ම දකුණු ඉන්දීය සම්බන්ධකම් ඇති සත් කෝරළයේ සහ නුවරකලාවියේ බොහෝ නායකයන් උලගල්ල මැතිඳුන්ගේ අරගලයට සහයෝගීතාව පළ කළ බව පෙනී යයි. ඔවුන් ගැටුලාගන් විහාරයට

සංදේශය රැගෙන යන ගමන් මාර්ගයේ පිහිටි ඔවුන්ගේ ප්‍රභූ ගම්මානවල සිට සන්දේශය රැගෙන යන එම කාන්තාවන්ට සහ එම ගමන් සංදර්ශනයට සහභාගිවූවන්ට අනුග්‍රහය දැක්වූ බව පෙනේ.

මෙම තොරතුරුවලින් හෙළි වන්නේ අෂ්ටානාරී සන්දේශය යනු හුදෙක් අව්‍යාජ කාව්‍ය ඛණ්ඩයක් රචනා කර ඉදිරිපත් කරන අවස්ථාවක් පමණක් නොව සැඟවුණු ඓතිහාසික දේශපාලන අධිකාරියක් මෙන් ම පරම්පරා පුරාවෘත්තයක් ද හෙළිදරව් කරන සංසිද්ධියකි.

පටුන

	පිළිගැන්වීම	iii
	මෙම ප්‍රකාශනය ගැන වචනයක්	v
	පටුන	ix
	ස්තුතිය	xi
1	අෂ්ටනාරි සන්දේශයේ මූලාශ්‍රය	1
2	අෂ්ටනාරි සන්දේශය පිළිබඳ හැඳින්වීම	9
3	සම්භාව්‍ය සන්දේශ කාව්‍ය සම්ප්‍රදාය	23
4	ශ්‍රී ලංකාවේ සන්දේශ කාව්‍ය සම්ප්‍රදාය සහ ව්‍යාප්තිය	29
5	අෂ්ටනාරි සන්දේශය සඳහා යුවතියන් අට දෙනෙකු තෝරා ගැනීමට හේතු	37
6	අෂ්ටනාරි සන්දේශය - ගමන් මාර්ගය සහ ගමන් සංදර්ශනය නිර්මාණය	49
7	අෂ්ටනාරි සන්දේශය - සාහිත්‍යමය ඇගයීමක්	57
8	සමාප්ති සටහන	77
9	අෂ්ටනාරි සන්දේශ කාව්‍යය හා පුස්කොළ පිටපත් සංසන්දනය	83

උපග්‍රන්ථ

1	අෂ්ටනාරි සන්දේශයේ පද්‍ය අත්පිටපත් අතර බෙදී යන සහ අතිච්ඡාදනය වන අයුරු	117
2	ඇසුරු කළ ග්‍රන්ථ	125
3	කර්තෘ ගැන	131

ස්තූතිය

මෙම ප්‍රකාශනය සම්පූර්ණ කිරීමට මට විවිධ අයුරෙන් සහාය දුන් සහ දිරිමත් කළ සියලු දෙනාට මම ඉතාමත් ම ස්තුතිවන්ත වෙමි.

පළමුවෙන් ම, උදුල බණ්ඩාර අවිසදහාමි සහ ආර්.එස්.ඩබ්ලිව්.එම්. කුමාර බණ්ඩාර යන මගේ මිතුරන් දෙදෙනාට ඔවුන්ගේ ඉමහත් සහයෝගය පිළිබඳ ව ස්තුති කිරීමට කැමැත්තෙමි. මෙම ව්‍යාපෘතිය පිළිබඳ මගේ අදහස ඔහුට පැහැදිලි කළ පළමු දිනයේ සිට ම අෂ්ටනාරි සන්දේශය පිළිබඳ මගේ චින්තනයේ නිම් වළලු පුළුල් කිරීමට සහ මෙම ව්‍යාපෘතියේ අවසාන ප්‍රතිඵලය පිළිබඳ මගේ පරිකල්පනය වැඩි දියුණු කිරීමට උදුල බණ්ඩාර මූලික විය. ඔහු ප්‍රකාශනයේ ව්‍යුහය සහ අන්තර්ගතය පිළිබඳ අදහස් ලබා දුන්නේ ය. ඔහු කාරුණික ව මෙම පොත් කවරය ද නිර්මාණය කළේ ය. කුමාර බණ්ඩාර නොයෙකුත් දුෂ්කරතා මධ්‍යයේ දින ගණනාවක් ගත කරමින් ඉංග්‍රීසි කෙටුම්පත කියවා සාකච්ඡා කරමින් සහ නොයෙකුත් අදහස් ලබා දෙමින් මෙම ප්‍රකාශනය අවසන් අදියරට ගෙන ඒමට නොපසුබට සහයෝගයක් ලබා දුන්නේ ය.

රංගන කුරුවිට මෙම ප්‍රකාශනයේ සිංහල අනුවාදයේ සිංහල භාෂා ව්‍යාකරණ හා භාවිතය නිවැරදි කිරීමට ස්වේච්ඡාවෙන් ඉදිරිපත් වී අගනා සහායක් ලබා දුන්නේ ය. ඔහු පුස්කොළ අත්පිටපත් සංසන්දනය හා විශ්ලේෂණය කිරීම පිළිබඳව අගනා යෝජනා ඉදිරිපත් කිරීමෙන් ද ඉමහත් ලෙස සහය විය.

රත්නසිරි අරංගල (ශ්‍රී ජයවර්ධනපුර විශ්වවිද්‍යාලය) පුස්කොළ අත්පිටපත් සංසන්දනය සහ විශ්ලේෂණය කිරීම පිළිබඳ ප්‍රයෝජනවත් යොමු කිරීම් සහ මගපෙන්වීම් ලබා දෙමින් මෙම ප්‍රකාශනය සම්පූර්ණ කිරීමට මා දිරිමත් කළේ ය. ඔහු සිංහල පිටපත ද කියවා අදහස් පළ කළේ ය.

ඊ.එම්. සුනිල් බණ්ඩාර, ශකිල රාජකරුණා, කපිල බණ්ඩාර වම්බටුවැව, හසිත චාමිකර ගුණසිංහ (කැලණිය විශ්වවිද්‍යාලය), වයි.එම්. ධර්මසේන

බණ්ඩාර, ඒ. එම්.හේරත් බණ්ඩා (පොහොරවත්ත), මට අදාල පුස්කොළ අත්පිටපත් එකතු කිරීමට උදව් කළෝ ය. ජිනදාස දනන්සූරිය (කැලණිය විශ්වවිද්‍යාලය), සාගරිකා හේරත් (වයඹ පළාත් සභාව), උක්කුබණ්ඩා කරුණානන්ද (කැලණිය විශ්වවිද්‍යාලය), සහ විරාන් වින්ඩසර් මට විවිධ මූලාශ්‍රය සොයා ගැනීමට උදවු කලෝ ය.

අෂ්ටනාරී සන්දේශයේ ඓතිහාසික පසුබිමේ වර්තමාන ශේෂයන් ගවේෂණය කිරීමට මට ඉතාමත් කැප කිරීමෙන් උදවු උපකාර කළේ මාමිනියාවේ ඉලංගසිංහ (ඒ.පී.බී. ඉලංගසිංහ), පූජ්‍ය වල්පොල විජිත නායක හිමි (ශ්‍රී වාපිකාරාමය, පලුගොල්ල), පූජ්‍ය උඩබෝවල ආරියදම්ම හිමි (ශ්‍රී සුචරිත්වර්ධනාරාමය විහාරස්ථානය, මැදගමුව), පූජ්‍ය මහනෙලුබැවේ රත්නසාර හිමි (තලගුළු රජමහා විහාරය, ගල්කුලම), පූජ්‍ය පොල්ගහවෙල විජිතඥාණ හිමි (ශ්‍රී සුධර්මාරාමය විහාරය, දිද්දෙණිය) යූ.බී දිසානායක, දිල්රුක්ෂි ප්‍රියදර්ශනී (Uga Ulagalla Resort), සාවිත්‍රී පානබොක්කේ, උදේනි බණ්ඩාර ඉලංගසිංහ, ඩබ්ලිව්.එම්. පියතිලක, සහ ගීතානි සමරවික්‍රම යන අය යි.

දශක ගණනාවක් තිස්සේ මාගේ ශාස්ත්‍රීය කටයුතු සඳහා මගේ වැඩිම කාලයක් වැය කිරීම පිළිබඳ ව ඉවසීමෙන් සිටින මගේ බිරිඳ චන්ද්‍රා මෙහි දී මතක් කරමි.

අවසාන වශයෙන් මා මගේ ගෞරවය සහ කෘතඥතාව පළ කරන්නේ මුල් අෂ්ටානාරි සන්දේශ කාව්‍යය රචනා කළ මැටිඹළුවේ කවියාට සහ ඔහුගේ සිල්පාධිපති වංශයට යි. මැටිඹළුව (වත්මන් මැදගමුව) ගම්මානයේ වත්මන් පදිංචිකරුවන් සැබෑ අවබෝධයකින් තොර ව මෙම මහා සිල්පාධිපති වංශයේ උරුමය නියෝජනය කරන බව මම ගෞරවයෙන් සඳහන් කරමි.

ඉහත සඳහන් කර නොමැති නමුත් මට නොයෙකුත් ආකාරයෙන් උදව් කළ සියලු දෙනාට ද මගේ ස්තුතිය පිරිනැමේ. සියලු දෙනාගේ සහයෝගය නොමැති ව මෙම ප්‍රකාශනය යථාර්ථයක් විය නොහැකි ව තිබුණි.

බොහෝ දෙනකුගේ යෝජනා සලකා බලමින් මෙම ප්‍රකාශනයේ අන්තර්ගතය පිළිබඳ අවසාන තීරණ ගන්නා ලද්දේ මා විසිනි. මෙම ප්‍රකාශනයේ යම් යම් අඩුපාඩු ඇත් නම් ඒවායේ සම්පූර්ණ වගකීම මා සතු ය.

1 වන පරිච්ඡේදය:

අෂ්ටනාරි සන්දේශයේ මූලාශ්‍රය සහ සංසන්දන ක්‍රමවේදය

මෙම පරිච්ඡේදය වෙන් කරන්නේ අෂ්ටානාරී සන්දේශය එළිදරවු කිරීම සඳහා ඇසුරු කළ පුස්කොළ අත්පිටපත් හා අනෙකුත් මූලාශ්‍රය හඳුන්වා දීමටත්, එම අත්පිටපත් සංසන්දනය කිරීම හා එම පද්‍ය එකතුව මෙම ප්‍රකාශනයේ ඉදිරිපත් කිරීම සඳහා අනුගමනය කළ ක්‍රමවේදය හඳුන්වා දීමටත් ය. ඊළඟ පරිච්ඡේදයේ අෂ්ටානාරී සන්දේශය සහ එහි පසුබිම පිළිබඳ සවිස්තර තොරතුරු ඇතුළත් කෙරේ.

අත්පිටපත් එකතුව

මම මෙම අෂ්ටනාරි සන්දේශයේ පුස්කොළ පිටපත් තුනක ඩිජිටල් රූප ලබා ගත්තෙමි. ඒවා ලබා ගත්තේ බ්‍රිතාන්‍ය පුස්තකාලයේ තබා ඇති එක් අත්පිටපතකින් (අංක OR 1166 (114)) හා ශ්‍රී ලංකා කෞතුකාගාරයේ තබා ඇති තවත් අත්පිටපත් දෙකකින් ය. (නාමාවලිය අංක 2175 සහ 2176). මේ හැරුණු විට පුස්කොළ පොතකින් පිටපත් කළ අනුපිටපතක් කුරුණෑගල දිස්ත්‍රික්කයේ පොහොරවත්ත නමැති ග්‍රාමයෙන් ලබා ගන්නා ලදි. කුරුණෑගල දිස්ත්‍රික්කයේ නාථගනේ සිට අනුරාධපුර දිස්ත්‍රික්කයේ ගැටුලාගන් විහාරය දක්වා මෙම සන්දේශය භාරදීම සඳහා යුවතියන් අට දෙනෙකු ගමන් කළ බව මෙම අත්පිටපත් හතර ම සඳහන් කරයි.

අෂ්ටනාරි සන්දේශය නමින් ලියවුණු පුස්කොළ පොතකින් පිටපත් කර 1909 දී ප්‍රකාශයට පත් කළ තවත් ග්‍රන්ථයක් මට හමු විය. මෙම සන්දේශයට අනුව යුවතියන් අට දෙනෙකු නාථගනේ සිට වෙනත්

අරමුණක් සඳහා කුරුණෑගල දිස්ත්‍රික්කයේ ම පිහිටි දිද්දෙනිය දේවාලය දක්වා ගමන් කර ඇත.

පහත කොටසේ මෙම පිටපත් පහේ බාහිර පෙනුම, අන්තර්ගතය සහ ආකෘතිය ඇතුළු ව එක් එක් අත්පිටපත පිළිබඳ වැඩිදුර විස්තර ඉදිරිපත් කෙරේ.

1. අෂ්ටනාරි සන්දේශය - බ්‍රිතාන්‍ය පුස්තකාලයේ පැවැති පුස්කොළ පොත (මින් අනතුරු ව මෙම ප්‍රකාශනයේ එය BL ලෙස කෙටි කර හඳුන්වා ඇත). බ්‍රිතාන්‍ය පුස්තකාල වාර්තා අංකය OR 1166 (114) වේ.

මෙම අත්පිටපත බ්‍රිතාන්‍ය පුස්තකාලයේ හියු නෙවිල් එකතුවෙන් ලබාගන්නා ලදි. එහි දෙපැත්තේ ලියා ඇති පත්‍ර 13ක් සහ එක් පැත්තක ලියා ඇති පත්‍රයක් ඇත. එක් පත්‍රයක විෂ්කම්භය සෙන්ටිමීටර 4.2 x 44.4 වේ. එක් පැත්තක කවි හතර බැගින් සඳහන් මෙම අත්පිටපතේ කවි 108ක් (27x4) අඩංගු වේ.

එහි පත්‍ර අංක කිරීම සංඛ්‍යාත්මක අනුපිළිවෙළින් 1 සිට 14 දක්වා සහ සිංහල අකාරාදී අනුපිළිවෙළින් "ක" සිට "කෞ" දක්වා නම් කර ඇත. පළමු පත්‍රයේ පළමු පිටුව 1a ලෙසත් එම පත්‍රයේ අවසාන පිටුව 1b ලෙසත් සඳහන් කර ඇත. මෙම ප්‍රකාශනයේ මෙම අනුපිළිවෙළ ඒ ආකාරයෙන් ම භාවිත කර ඇත්තේ නිවැරදි අනුකූලතාවයක් පවත්වා ගැනීමේ අරමුණෙනි.

මෙම පුස්කොළ අත්පිටපතෙහි මූලාරම්භය ගැන සඳහනක් නොමැත. එය පුස්කොළවලට පිටපත් කළේ කවුරුන් විසින් ද යන්න හෝ හියු නෙවිල් විසින් එය ශ්‍රී ලංකාවේ කුමන ප්‍රදේශයකින් එකතු කර ගත්තේ ද යන්න ගැන සඳහනක් නොමැත.

මෙම සන්දේශය කුරුණෑගල දිස්ත්‍රික්කයේ නාථගනෙන් ආරම්භ වී අනුරාධපුර දිස්ත්‍රික්කයේ ගැටුලාගන් විහාරයෙන් අවසන් වේ.

2. අෂ්ටනාරි සන්දේශය - ශ්‍රී ලංකා කෞතුකාගාරයේ පැවති පුස්කොළ පොත. (මින් අනතුරු ව මෙම ප්‍රකාශනයේ M1 ලෙස කෙටි කර හඳුන්වා ඇත). ශ්‍රී ලංකා කෞතුකාගාර වාර්තා අංකය 2175.

දෙපැත්ත ම ලියූ පත්‍ර 20ක් මෙම පුස්කොළ පොතේ අඩංගු වේ. මුල් පිටුවේ මාතෘකාව පෙන්වන අතර අවසාන පිටුවේ මුල් පිටපත තිබුණේ කා සතුව ද, එය පිටපත් කළේ කවුරුන් ද සහ එය පිටපත් කළේ කවදා

ද යන්න පිළිබඳ විස්තර ඇත. එක් පත්‍රයක විෂ්කම්භය සෙන්ටිමීටර 3.35 x 30.48 වේ. සෑම පිටුවක ම පද්‍ය 6 බැගින් කවි 108 (18x6) අඩංගු වේ.

අවසාන පිටුවට අනුව මෙම පිටපත හිමි ව තිබුණේ හුරුළු පළාතේ මාටොඹුවා කෝරාළට යි. එය 1898 අගෝස්තු 12 වන දින කීර්තිරත්න[3] නම් පුද්ගලයා විසින් පුස්කොළවලට පිටපත් කර ඇත.

මුල් අත් පිටපතේ පිටු අංක සටහන් කිරීමක් නොමැත. එබැවින් මෙම ප්‍රකාශනයේ පළමු වන පිටුවේ පළමු වන පද්‍යය සඳහන් කිරීමට 1.1 හා පළමු වන පිටුවේ අවසාන පද්‍යය සඳහන් කිරීමට 1.6 යනාදි වසයෙන් අංක භාවිත කරන ලදි.

මෙම පුස්කොළ පොතේ සඳහන් සන්දේශය ද කුරුණෑගල දිස්ත්‍රික්කයේ නාථගනේ ග්‍රාමයෙන් ආරම්භ වී අනුරාධපුර දිස්ත්‍රික්කයේ ගැටුලාගන් විහාරයෙන් අවසන් වේ.

3. අෂ්ටනාරි සන්දේශය - ශ්‍රී ලංකා කෞතුකාගාරයේ පැවති තවත් පුස්කොළ පොතකි. (මින් අනතුරුව මෙම ප්‍රකාශනයේ M2 ලෙස කෙටි කර හඳුන්වා ඇත). ශ්‍රී ලංකා කෞතුකාගාර වාර්තා අංකය 2176

මෙම අත්පිටපත M1 ට සමාන නමුත් එය වෙනස් පුස්කොළ අත් පිටපතකි. එහි ඉදිරිපස සහ පසුපස පිටු ඇතුළු ව පත් ඉරු 20ක් අඩංගු වේ. මුල් පිටුවේ මාතෘකාව පෙන්වන අතර අවසාන පිටුවේ මුල් පිටපත තිබුණේ කා සතුව ද, එය පුස්කොළවලට පිටපත් කළේ කවු ද සහ එය පිටපත් කළේ කවදා ද යන්න පිළිබඳ විස්තර ඇත. එක් පත් ඉරුවක විෂ්කම්භය සෙන්ටිමීටර 3.35 x 30.48 වේ. සෑම පිටුවක ම පද 6 බැගින් කවි 108 ක (18x6) එකතුවක් මෙම පිටපතේ අඩංගු වේ.

මෙම අත්පිටපත ද හුරුළු පළාතේ මාටොඹුවා කෝරාළ සතු විය. එය පිටපත් කළ පුද්ගලයා පිළිබඳ සඳහනක් නොමැති නමුත් එය පුස්කොළවලට පිටපත් කර ඇත්තේ 1897 පෙබරවාරි 21 වැනිදා ය.

මුල් අත් පිටපතේ පිටු අංක කිරීමක් නොමැත. එබැවින් මෙම ප්‍රකාශනයේ පළමු වන පිටුවේ පළමු වන පද්‍යය සඳහන් කිරීමට 1.1 සහ පළමු වන පිටුවේ අවසාන පද්‍යය සඳහන් කිරීමට 1.6 යනාදි වශයෙන් අංක භාවිත කරන ලදි.

---

[3] මොහු, යූ ඩබ්ලිව් එම් කීර්තිරත්න, පුරාවිද්‍යා කොමසාරිස් එච් සී පී බෙල්ගේ ලිපිකරුවෙකි. ඔහු බොහෝ පුස්කොළ අත්පිටපත් පාරම්පරික පුස්කොල සංචිත වලින් පිටපත් කළේය (De Silva, 1938).

මෙම පුස්කොළ පොත් සන්දේශය ද කුරුණෑගල දිස්ත්‍රික්කයේ නාථගනේ ග්‍රාමයෙන් ආරම්භ වී අනුරාධපුර දිස්ත්‍රික්කයේ ගැටුලගන් විහාරයෙන් අවසන් වේ.

4. අෂ්ටනාරි සන්දේශය - පොහොරවත්ත ගම්මානයෙන් හමු වූ අෂ්ටනාරි සන්දේශය අත්පිටපත (මෙම ප්‍රකාශනයේ PV ලෙස කෙටියෙන් දක්වා ඇත). මෙම අත්පිටපත පුස්කොළ පොතකින් අනුපිටපත් කර ඇත.

මෙම අත්පිටපත කුරුණෑගල දිස්ත්‍රික්කයේ, පොල්පිතිගම ප්‍රාදේශීය ලේකම් කොට්ඨාසයේ, පොහොරවත්ත ග්‍රාමයේ ඒ.එම්.හේරත් බණ්ඩා සතු ව තිබී ලබා ගන්නා ලදි. ඔහුට අනුව මුල් පුස්කොළ පිටපත දිරාපත් වෙමින් තිබූ අතර ඔහුගේ පියා 1940 ගණන්වල දී පිටපත් කළේ කියවිය හැකි පද්‍ය 83ක් පමණි. මෙම පද්‍ය 83 හේරත් බණ්ඩාගෙන් ලබාගෙන වයි.එම්. ධර්මසේන බණ්ඩාර විසින් 2011 දී ඔහුගේ "නිකවගම්පහ කෝරළේ අතීතයෙන් බිඳක්" යන පොතෙන් ද ප්‍රකාශයට පත් කර ඇත.

මෙම පොහොරවත්ත අත්පිටපත අසම්පූර්ණ වන්නේ එහි මුල් පද්‍යයන් සහ අවසාන පද්‍යයන් අස්ථානගත වී ඇති බැවිනි. එපමණක් නොව, ගමන් මාර්ගයේ නව ගම්මාන විස්තර කරන නව පද්‍යය පහක් මෙම පිටපතට ඇතුළත් කර ඇත. මෙම පද්‍යය පහ BL, M1 සහ M2 යන පිටපත වල දක්නට නොලැබේ.

මෙම ප්‍රකාශනයේ එම සියලු පද්‍යයන් PV 1 සිට PV 83 වශයෙන් අංක කරන ලදි.

5. අෂ්ටනාරි සන්දේශය - මෙම සන්දේශය 1909 දී එම්.ඩී. දාම්පි අප්පුහාමි විසින් ප්‍රකාශයට පත් කරනු ලැබ ඇත (මෙම ප්‍රකාශනයේ A1 ලෙස කෙටියෙන් දක්වා ඇත).

අෂ්ටනාරි සන්දේශයේ මෙම පිටපත පුස්කොළ අත්පිටපත්වලින් ලබාගෙන 1909 දී එම්.ඩී. දාම්පි අප්පුහාමි විසින් ප්‍රකාශයට පත් කර ඇත. එය 2004 වසරේ ශ්‍රී ලංකා සංස්කෘතික කටයුතු දෙපාර්තමේන්තුව විසින් ප්‍රකාශයට පත් කරන ලද "සංඛ" සඟරාවේ 2004 ජනවාරි සිට ජුනි දක්වා වෙළුමෙන් නැවත මුද්‍රණය කරන ලදි. සංඛ සඟරාවේ පළ කිරීම සඳහා මෙම සන්දේශය සකස් කර තිබුණේ කේ බී හේරත් විසිනි. මම මෙම පිටපත ලබා ගත්තේ සංඛ සඟරාවෙනි.

මෙම 1909 ප්‍රකාශනයේ සහ 2004 සංඛ සඟරාවේ සාවද්‍ය ලෙස සඳහන් කරන්නේ යුවතියන් අට දෙනෙකු නාථගනෙන් ආරම්භ වී මෙම සන්දේශය රැගෙන කුරුණෑගල දිස්ත්‍රික්කයේ උයන්වත්තට නුදුරින් පිහිටි

හඳපාංගම කඳ කුමරුට කැප වූ කතරගම දේවාලයට ගමන් කරන ලද බව යි. නමුත් එහි අන්තර්ගතයෙන් හෙළි වන්නේ එය නාථගනෙන් ආරම්භ වී එම දිස්ත්‍රික්කයේ ම ඉහළ ඕතොට කෝරළයේ පිහිටි දිද්දෙනිය දේවාලයට ගමන් කරන ලද බව යි. මෙම සන්දේශයේ අරමුණ වූයේ පණිවිඩය රැගෙන ගිය කාන්තාවන් අට දෙනාට ආශීර්වාද ලබා ගැනීම යි.

මෙම සන්දේශය කාව්‍යය පද්‍ය 76කින් සමන්විත වේ. එයින් පද්‍ය 40ක් ගැටුලාගන් විහාරයට යන අෂ්ටනාරි සන්දේශයේ පද්‍යවලට සමාන වේ. ඒ හැරුණු විට අමතර පද්‍ය දහහතක් ගැටුලාගන් විහාරයට යන අෂ්ටනාරි සන්දේශයේ සඳහන් සමහර ගම්මාන (හඳපාංගම දක්වා) අතිරේක වශයෙන් විස්තර කරයි. මේ හැර එක් නව ගම්මානයක විස්තර සහිත පද්‍යයක් මෙම පිටපතට ඇතුළත් කර ඇත. එම පද්‍ය සියල්ල ම (58) එහි අදාළ භාවය නිසා මෙම ප්‍රකාශනයට සලකා බලා ඇතුළත් කර ඇත[4].

මෙම ප්‍රකාශනයේ එම පද්‍ය A1.1 සහ A1.2 ආදී වශයෙන් නම් කර ඇත.

6. අෂ්ටනාරි සන්දේශය - මෙය නාථගනේ සිට උයන්වත්ත අසළ හඳපාංගම පිහිටි කතරගම දේවාලය (කඳ කුමාරුට කැප කරන ලද දේවාලය) දක්වා ගමන් කරන බව සඳහන් වේ. (මෙම ප්‍රකාශනයේ මෙය A2 ලෙස කෙටියෙන් හඳුන්වා ඇත).

සන්නස්ගල (1964, පි 585) විසින් නාථගනේ සිට කුරුණෑගල දිස්ත්‍රික්කයේ උයන්වත්ත අසල හඳපාංගම පිහිටි කතරගම දේවාලය දක්වා ගමන් කරන අෂ්ටානාරි සන්දේශයක් ගැන සඳහන් කරනු ලබයි. සමාලෝචනයක් සඳහා මෙම අත්පිටපත සොයා ගැනීමට මට නොහැකි විය. සන්නස්ගල ද මෙම පිටපත සොයාගත් ස්ථානය ගැන සඳහන් කර නොමැත.

සමාන වෙනත් නාරි සන්දේශ

7. නාරීසත් සන්දේශය 1909 ප්‍රකාශනය, එච්.බී. අන්දිරිස් හාමි මහනුවර විසින් ප්‍රකාශනයට පත් කරන ලද්දකි. (මෙම ප්‍රකාශනයේ N1 ලෙස කෙටියෙන් හඳුන්වා ඇත.)

මෙම සන්දේශය 1833 වසරේ දී සිල්පාධිපති නම් කවියකු විසින් රචනා කරන ලද්දකි. මෙම සන්දේශය නාථගනේ සිට දඹුලු විහාරය දක්වා

---

4 මෙම ප්‍රකාශනයෙන් බැහැර කරන ලද පද්‍ය 18 අතරට ආරම්භයේ පද්‍ය පහක්, දිද්දෙනිය දේවාලය විස්තර කරන පද්‍ය හතරක් හා අවසානයේ අරමුණ පැහැදිලි කරන පද්‍ය නවයක් ඇතුළත් වේ.

යුවතියන් හත් දෙනෙකු විසින් රැගෙන යනු ලැබේ. 1909 දී මහනුවර එච්.බී. අන්දිරිස් හාමි විසින් ප්‍රකාශනයට පත් කරන ලද මෙම සන්දේශයේ මුද්‍රිත පිටපතක් ලබාගෙන එය විමසුමට ලක් කෙළෙමි. එහි හැඳින්වීමට අනුව එය පුස්කොළ අත්පිටපත් කිහිපයකින් එකතු කර, සසඳා, සංස්කරණය කර අන්දිරිස්හාමි විසින් ප්‍රකාශනය පත් කරන ලද්දකි. එහි මුල් පුස්කොළ අත්පිටපත සොයා ගැනීමට මට නොහැකි විය. මෙම ප්‍රකාශිත පිටපතේ පද්‍ය 152ක් ඇත.

8. නාරි සන්දෙශය (මෙම ප්‍රකාශනයේ N2 ලෙස කෙටියෙන් හඳුන්වා ඇත).

ශ්‍රී ලංකා කෞතුකාගාර නාමාවලියේ "නාරි සන්දෙශය" (නාමාවලිය අංක 2247) නමින් සන්දේශයක් ගැන සඳහන් වේ. මෙම නාමාවලියේ (2247) සඳහන් කරන්නේ එය කාන්තාවක් වෙතින් දඹුල්ල විහාරස්ථානයේ දෙවියෙකුට යවන ලද පණිවිඩයක් ලෙස රචනා කරන ලද සන්දේශ කාව්‍යයක් ලෙස ය. මට මෙම අත්පිටපත කෞතුකාගාරයෙන් සොයාගැනීමට නොහැකි විය. එය සම්පූර්ණයෙන් ම වෙනස් සන්දේශයක් හෝ නාරිසත් සන්දේශයේ වෙනස් පිටපතක් විය හැකි ය.

අත්පිටපත් සංසන්දනය කිරීම සහ ඉදිරිපත් කිරීම

මා විසින් අෂ්ටානාරී සන්දේශය යන නමින් විකාශනය වූ සන්දේශයට අදාළ පද්‍ය 131 ක් හඳුනාගනු ලැබ ඇත. එම පද්‍ය එකතුව මෙමෙ ප්‍රකාශනයේ නව වන පරිච්ඡේදයේ පාඨකයන් සඳහා ඉදිරිපත් කර ඇත.

මෙම පද්‍ය එකතුවට පාදක වන්නේ පද්‍ය 108 බැගින් සමන්විත BL, M1 සහ M2 යන පිටපත් තුන ය. මෙම පිටපත් තුන අෂ්ටානාරී සන්දේශයේ මුල් පිටපතක් ඇසුරෙන් විකාසනය වන්නට ඇත. මෙම එකතුවට නව පද්‍ය පහක්[5] පොහොරවත්ත අත්පිටපතෙන් ද (PV) නව පද්‍ය 18ක්[6] දාම්පි අප්පුහාමි අත්පිටපතෙන් ද (A1) එකතු වි ඇත. මෙම නව පද්‍ය ඇතුළත් කළ කවීන් අෂ්ටානාරී සන්දේශයට නව අගයක් එක් කිරීමේ අභිප්‍රායෙන් එය සිදු කරන්නට ඇත. අෂ්ටානාරී සන්දේශයේ

5 මෙම ප්‍රකාශනයේ මෙම නව පද්‍ය පහට අයත් අනුක්‍රමික අංකයන් වන්නේ 67, 68, 72, 88, හා 92.

6 මෙම ප්‍රකාශනයේ මෙම නව පද්‍ය 18 ට අයත් අනුක්‍රමික අංකයන් වන්නේ 24, 25, 30, 32, 36, 37, 45, 46, 47, 51, 53, 55, 57, 58, 60, 62, 63, හා 64.

අනුපිටපත්වලට නව පද්‍ය ඇතුළත් කිරීමට හේතුවිය හැකි කරුණු දෙවන පරිච්ඡේදයේ සාකච්ඡා කරනු ඇත.

මෙම පිටපත් සියල්ලේ පද්‍ය අතිච්ඡාදනය (overlap) සහ අතුරු සැබැඳුම (interconnection) උපග්‍රන්ථය 1 මගින් ඉදිරිපත් කර තිබේ.

නව වන පරිච්ඡේදයේ පළමු වන තීරුවෙන් එක් එක් පද්‍යයේ අනුක්‍රමික අංකය (1 සිට 131 දක්වා) ද දෙවන තීරුවෙන් අෂ්ටානාරී සන්දේශයේ ප්‍රකාශනය සඳහා ඒකරාශි කරන ලද සියලු ම පද්‍යයන් ඉදිරිපත් කෙරේ.

අක්ෂර වින්‍යාස සහ භාෂා වෙනස්කම්

බ්‍රිතාන්‍ය පුස්තකාලයේ (BL) පුස්කොළ අත්පිටපත ක්‍රමානුකූල ව සකසා ඇති බව පෙනෙන අතර එහි වඩාත් ශාස්ත්‍රීය භාෂාවක් භාවිත කර ඇති බව පෙනේ. M1 සහ M2 ද සමාන ආකෘතියක ඇති නමුත් සුළු වශයෙන් වචන සහ අක්ෂර වින්‍යාසවල වෙනස්කම් ඇත. PV යනු අනුපිටපතක් වන බැවින් බොහෝ දුරට එහි වෙනස්කම් සිදු වී ඇත. එහි ප්‍රතිඵලයක් වශයෙන් සමහර වචන හා පද්‍ය බොහෝ වෙනස් ලෙස පෙනෙන අතර විවිධ අර්ථ ගම්‍ය කරයි. A1 පිටපත ද අෂ්ටානාරී සන්දේශය නමින් ම විකාසනය වූ අනුපිටපතකි. එය මුද්‍රණය කර ප්‍රකාශයට පත් කර ඇති බැවින්, සංස්කරණයේ ප්‍රතිඵලයක් ලෙස එහි යම් යම් වෙනස්කම් සිදු වී ඇති බැවින් නව පිරිපහදු කළ වචන සහ පද්‍ය කිහිපයක් හමුවීම වැළැක්විය නොහැකි වනු ඇත.

එක් එක් අත්පිටපතෙහි ඇති භාෂා සහ අනෙකුත් වෙනස්කම් (පද්‍යය, පාදය, වචන හෝ අක්ෂර වින්‍යාස) සන්සන්දනය කර එම වෙනස්කම් අධෝලිපි (footnotes) මගින් නව වන පරිච්ඡේදයේ පෙන්වා ඇත.

මා මෙම පිටපත් වල ඇති වචනවල සහ අක්ෂර වින්‍යාසයේ නිරවද්‍යතාව තහවුරු කිරීමට උත්සාහ කළේ නැත. අෂ්ටනාරි සන්දේශයේ බොහෝ වචන හා භාවිතය නියෝජනය කරන්නේ එහි අර්ථ වර්තමාන පාඨකයාට පහසුවෙන් තේරුම්ගත නොහැකි පෙර කාලීන සමාජ හා සංස්කෘතික යුගයකි. මන්ද එම ලේඛන සහ භාෂා ශෛලිය අමතක වූ යුගයක් නියෝජනය කරන ලද බැවිනි. එම ඓතිහාසික භාෂා ශෛලිය හා ව්‍යවහාරය මෙම ප්‍රකාශනය මගින් යළි අර්ථ නිරූපණය කිරීමකට හෝ ප්‍රසාදනය කිරීමකට ලක් නොකරන ලදි. පද්‍ය සන්සන්දනය කර ඇත්තේ අත්පිටපත්වල සඳහන් වී ඇති ආකාරයට ම ය. පාඨකයන්ට මෙම

ඓතිහාසික භාෂා ශෛලිය යථා ස්වභාවයෙන්ම හඳුනා ගැනීමට ඉඩ සලසා ඇත.

සන්දෙශයේ ප්‍රධාන කොටස් මාතෘකා වශයෙන් ද ගමන් මාර්ගයේ බිම් සලකුණු සහ ගම්මාන උපමාතෘකා වශයෙන් ද පාඨකයන්ගේ ප්‍රයෝජනය සඳහා නව වන පරිච්ඡේදයේ නම් කරන ලදි.

2 වන පරිච්ඡේදය:

අෂ්ටනාරි සන්දේශය පිළිබඳ හැඳින්වීම

මෙම ප්‍රකාශනයේ අරමුණ

මෙම ප්‍රකාශනයේ අරමුණ වන්නේ ශ්‍රී ලංකාවේ ඓතිහාසික සන්දේශ කාව්‍යයක් වන අෂ්ටනාරි සන්දේශය ප්‍රථම වරට ජාත්‍යන්තර පාඨක ප්‍රජාව වෙත ඉදිරිපත් කිරීම යි.

මෙම සන්දේශය පිළිබඳ කුතුහලයක් මා පාසැල් යන අවධියේ සිට මට තිබූ බව මුලින් ම ප්‍රකාශ කිරීමට කැමැත්තෙමි. මා කුරුණෑගල දිස්ත්‍රික්කයේ නිකවාගම්පහ කෝරළයේ හැදී වැඩුණේ මේ සන්දේශ කාව්‍යයේ අහඹු පද්‍යවලට සවන් දෙමිනි. එයට හේතුව වූයේ මෙම සන්දේශයේ ගමන් මග මා උපන් ගම හරහා වැටී තිබීම ය. මෙම සන්දේශයේ "ගල්ගිරියා කන්ද", "ගල්ගිරියා වැව", "බොරවැව", " දෙඹටෝගම" හා "රඹෑව" වැනි මා උපන් ප්‍රදේශයේ ඇති ගම්මාන සහ බිම් සලකුණු ඉතා ඉහළින් වර්ණනා කර තිබුණේ ය. මෙම කාව්‍යය මගින් ප්‍රාදේශීය අනන්‍යතාවයක් අගයා තිබූ බැවින් මෙම සන්දේශයේ සමහර කාව්‍ය ප්‍රදේශවාසීන්ගේ මතකයට කැප වී තිබූ බව මට පෙනී ගියේ ය. එහි ආභාසය සහ ආශ්වාදය මට හිමි විය. පොහොරවත්ත යනු මෙම සන්දේශයේ එක් අත්පිටපතක් (PV) සංරක්ෂණය කරන ලද මා උපන් ප්‍රදේශයේ පිහිටි ගම්මානයකි.

මෙම සන්දේශයේ අහඹු පද ඇසීමෙන් අනතුරු ව එම සන්දේශය පිළිබඳ වැඩිදුර තොරතුරු සෙවීමට මට ආශාවක් සහ කුතුහලයක් ඇති විය. මෙම අෂ්ටනාරි සන්දේශය යනු කුමක්ද, එය රචනා කළේ කවුරුන් විසින් ද, එහි පරමාර්ථය කුමක් ද යනාදිය පිළිබඳ ව සොයා බැලීමට සහ පර්යේෂණ කිරීමට මට යොවුන් වියේ සිට ම දැඩි උනන්දුවක් ඇති විය.

මෙම සන්දේශයේ මුල් පුස්කොළ අත්පිටපත් සොයා ගැනීමෙන් අනතුරු ව එයට ශ්‍රී ලාංකීය කාව්‍ය සම්ප්‍රදාය තුළ හිමිවන ස්ථානය, එහි ඓතිහාසික හා සමාජීය වටිනාකම, එහි සාහිත්‍යමය වටිනාකම යනාදිය පිළිබඳ පර්යේෂණ කර එය පුළුල් පාඨක පිරිසක් සමඟ බෙදා ගැනීමට මම අධිෂ්ඨාන කර ගත්තෙමි. එම උනන්දුවේ සහ අධිෂ්ඨානයේ අවසාන ප්‍රතිඵලය වූයේ මෙම ප්‍රකාශනය බව මම ප්‍රකාශ කිරීමට කැමැත්තෙමි.

අෂ්ටනාරි සන්දේශයේ අන්තර්ගතය කුමක්ද?

මීට ඉහත සඳහන් කළ පරිදි අෂ්ටනාරි සන්දේශයට අන්තර්ගත වන්නේ කුරුණෑගල දිස්ත්‍රික්කයේ නාථගනේ ග්‍රාමයේ සිට අනුරාධපුර දිස්ත්‍රික්කයේ ගැටුලාගන් විහාරස්ථානයට යුවතියන් අට දෙනෙකු රැගෙන ගිය ආයාත්මක පණිවිඩයකි. එහි පරමාර්ථය වූයේ නුවරකලාවියේ හුරුළු පළාතේ ප්‍රධානියෙකු වූ උලගල්ල දිසාව මැතිඳුන්ට ආශිර්වාද කිරීමටත්, දිව්‍ය ආරක්ෂාව පතීමටත්, ඔහුට අහිමි වූ ඉඩම් සහ රටතොට උරුමය නැවත ලබා ගැනීමට ආයාචනය කිරීමටත් ය.

මෙම අෂ්ටානාරී සන්දේශය රචනා කරන ලද කාල රාමුව පිළිබඳ තව ම එකඟතාවක් නොමැති නමුත් එය උඩරට රාජධානියේ (ක්‍රි.ව. 1469 සිට 1815 දක්වා) මුල් යුගයේ නිර්මාණය වූවක් ලෙස සැලකිය හැකි ය. මෙම පරිච්ඡේදයේ අවසාන කොටසෙහි මෙම කාල රාමුව සඳහා මගේ උපකල්පන ලබා දීමට මම බලාපොරොත්තු වෙමි.

නාථගනේ ගම්මානය වත්මන් කුරුණෑගල දිස්ත්‍රික්කයේ බමුණාකොටුව ප්‍රාදේශීය ලේකම් කොට්ඨාශයේ පිහිටා ඇති අතර ගැටුලගන් විහාරය (දැනට තලගුළු විහාරේ ලෙස හැඳින්වේ.) අනුරාධපුර දිස්ත්‍රික්කයේ තිරප්පනේ ප්‍රාදේශීය ලේකම් කොට්ඨාසයේ පිහිටා ඇත. සන්දේශ ගමන් මාර්ගය ආසන්න වශයෙන් කිලෝමීටර් 100ක් පමන වන අතර මඟ දිගේ පිහිටි ස්ථාන 85කට අධික ප්‍රමාණයක් මෙම කාව්‍යයේ වර්ණනා කර ඇත.

ගොඩකුඹුර (1953, පිටුව X) පවසන්නේ අෂ්ටනාරි සන්දෙශය නාථගනෙන් ආරම්භ වී කුරුණෑගල දිස්ත්‍රික්කයේ ම හිරියාල හත්පත්තුවේ ඉහළ මෝතොට කෝරළයේ දිද්දෙනිය ගම්මානයේ කතරගම පුදබිමෙන් අවසන් වන බව යි. කෙසේ වෙතත් සන්නසගල (1964, පිටුව 585) සඳහන් කරන්නේ ඔහු දුටු අනුවාදයේ නාථගනේ සිට කුරුණෑගල දිස්ත්‍රික්කයේ ම උයන්වත්තේ හඳපාංගම දේවාලය දක්වා කාන්තාවන් අට දෙනෙකු විසින් මෙම සන්දෙශය රැගෙන යන බවයි.

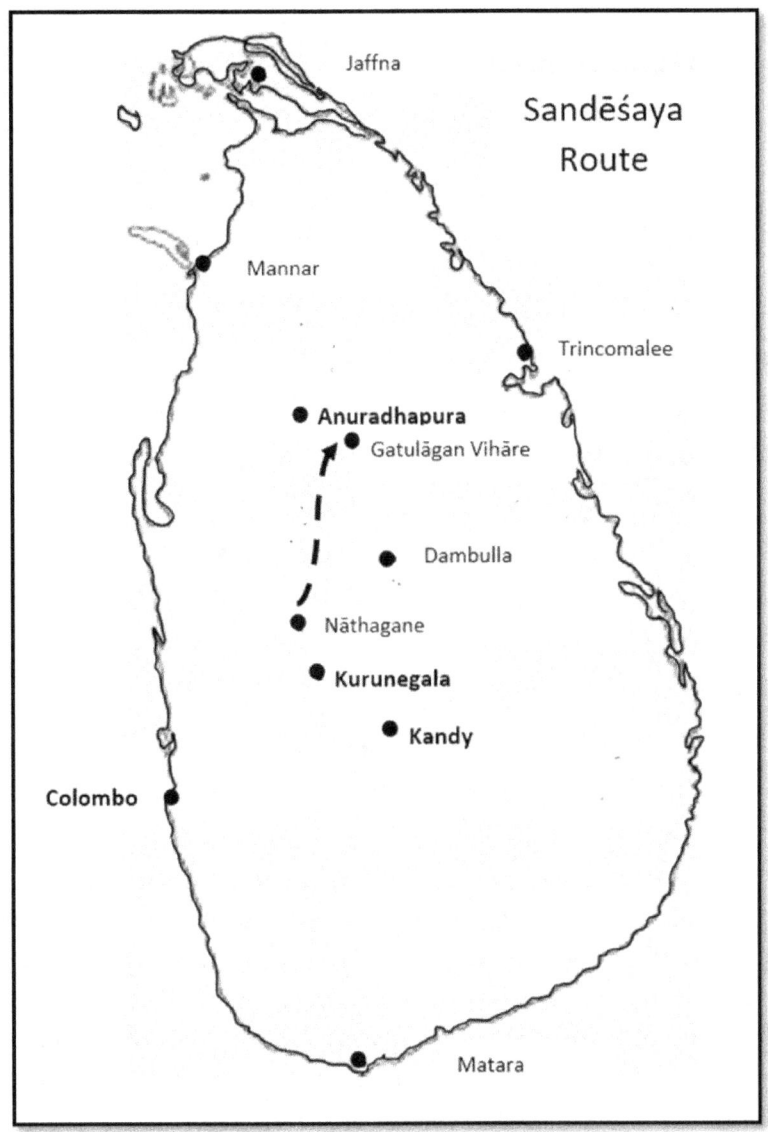

සිතියම 1: සන්දේශ ගමන් මාර්ගය

Hugh Nevill පවසන්නේ අෂ්ටනාරි සන්දේශය නාථගනෙන් ආරම්භ වී අනුරාධපුරයේ ගැටුලාගන් විහාරයෙන් අවසන් වන බව යි. (SVP3, 1955 පිටුව 245). ඔහු මෙම පිටපත සම්බන්ධ පුස්කොළ පොත ශ්‍රී ලංකාවෙන් රැගෙන ගෙන ගොස් බ්‍රිතාන්‍ය පුස්තකාලයේ ඔහුගේ ආරක්ෂිත පුස්කොළ පොත් සංචිතයට එක් කළේ ය. මා විශ්වාස කරන්නේ

Hugh Nevill සලකා බලන ලද පිටපත සම්භාව්‍ය මුල්පිටපතක් විය හැකි බව යි. මාගේ මෙම ප්‍රකාශනයට ද පාදක ලෙස සලකන්නේ ද එය යි.

අෂ්ටනාරි සන්දේශය කාලිදාස (ක්‍රි.ව. 4 සිට 5 දක්වා) විසින් රචනා කරන ලද මේඝදූත කාව්‍යය මගින් ප්‍රචලිත කරන ලද සන්දේශ (දූත) කාව්‍ය සම්ප්‍රදාය සහ ආකෘතිය අනුගමනය කරයි. කෙසේ වෙතත් අෂ්ටානාරී සන්දේශය රචනා කරන කාලය වන විට සන්දේශ කාව්‍යය විවිධ ස්වරූප සහ අරමුණු දක්වා පරිණාමය වී තිබුණි. සන්දේශ කාව්‍ය සම්ප්‍රදාය එහි ඉතිහාසය සහ මෙම සාහිත්‍ය ශාඛාව ශ්‍රී ලංකාව තුළ විකාසනය වූ ආකාරය පිළිබඳ කෙටි හැඳින්වීමක් ඊළඟ පරිච්ඡේද දෙකෙන් සපයනු ලැබේ.

සන්දේශ කතුවරයා සහ ඔහු ජීවත් වූ ස්ථානය

මෙම සන්දේශ කතුවරයා පිහිටි රට මැටිඔළුව නම් ගමේ උපන් කීර්තිමත් කවියකු බව අංක 3 පද්‍යයෙන් හෙළි කරයි. ඔහුගේ නම ගැන හෝඩුවාවක් නොමැත. කෙසේ වෙතත් ඔහු එදිරිසිංහ මහ රජු දැක ඇත.

''පින්පෙත් යුත් ඉදිරිසිංහ රජවර බැළු   ව
මණ්මත් මෙත් සිරි නිසර බඳ සිරි සිළු   ව
පැන්පත් වරණ විතරණ යන එළු නෙළු   ව
නන්ලත් ගොත් පිහිටි සිටි රට මැටිඔළු   ව''

මැටිඔළුව ගම්මානය කුරුණෑගල දිස්ත්‍රික්කයේ වත්මන් බමුණකොටුව ප්‍රාදේශීය ලේකම් කොට්ඨාසයට අයත් නාථගනේ ගම්මානයට මායිම් ව පිහිටා ඇත. යුවතියන් අට දෙනා සන්දේශ පණිවිඩය රැගෙන ගමන ආරම්භ කළේ නාථගනේ ගම්මානයේ සිට යි. එදිරිසිංහ රජු යනු ඔහුගේ සොහොයුරා වූ ඉරුගල් බණ්ඩාර රජුගේ වියෝවෙන් පසු ව රජ වූ එදිරිමාන්නසූරිය රජු බව විශ්වාස කෙරේ. ඔවුන් දෙදෙනා ම 16 වැනි සියවසේ දී සීතාවක/කෝට්ටේ රාජධානි යටතේ පැවති සත් කෝරළයේ (කුරුණෑගල දිස්ත්‍රික්කයේ) මුණ්ඩකොණ්ඩපොළ නැමැති ප්‍රාදේශීය රාජධානියේ පාලකයෝ වූහ. ඔවුන්ගේ රාජකීය මාලිගාව නාථගනේ පිහිටා තිබුණේ යයි විශ්වාස කෙරේ. (බණ්ඩාරනායක, 2021 පිටුව 56-57).

නාරිසත් සන්දේශය (යුවතියන් හත් දෙනෙකු රැගෙන ගිය සන්දේශය) නමින් තවත් සන්දේශයක් රචනා කළ සිල්පාධිපති නම් කවියා ද මෙම මැටිඔළුව ගමේ ඉපදුණ බව එහි සඳහන් කෙරේ. අෂ්ටනාරි සන්දේශය ද ඔහුගේ නිර්මාණයක් විය යුතු බව ගොඩකුඹුර (1953 පිටුව x) විශ්වාස කරයි. මෙම සිල්පාධිපති කවියා ජ්‍යොතිශ්ශාස්ත්‍රඥයෙක් සහ සාම්ප්‍රදායික

හින්දු ආගමික උත්සව සහ චාරිත්‍ර වාරිත්‍ර බෙර වාදනය හා විශේෂඥ දැනුමක් ඇති ගණිතාචාර්යවරයකු ද විය. ගොඩකුඹුර (1953) පවසන්නේ මෙම කතුවරයා හෝ වෙනත් සමකාලීන කතුවරයකු විසින් අෂ්ටානාරි සන්දේශය රචනා කර ඇති බව යි. මෙයට හේතුව ලෙස පෙන්වා දෙන්නේ නිර්මාණ දෙකෙහි ම සමානකම් තිබෙන නිසා ය. මුලින් ම නිර්මාණය කළේ නාරිසත් සන්දේශය ද නැතිනම් අෂ්ටානාරී සන්දේශය ද යන්න පැහැදිලි නැත.

මැටිඹළුව වංශය

මැටිඹළුව ගම්මානයේ සාම්ප්‍රදායික පදිංචිකරුවෝ ආගමික උත්සවවල දී බෙර වාදනය කරන සහ නැටුම් සහ ආගමික චාරිත්‍ර වාරිත්‍ර ඉටුකිරීමේ දී දස්කම් දක්වන නැකති/බෙරවා කුලය නියෝජනය කරති. වත්මන් මැටිඹළුව ගම් වැසියන්ගේ මුතුන් මිත්තන්ගේ වාසගම සිල්පාධිපති වේ. කෙසේ වෙතත් මැටිඹළුවට යාබද ගම් දෙකක් වන ඊතලපිටිය සහ කන්දෙගාර යන ප්‍රදේශවල පදිංචිකරුවන්ටද දැනට සිල්පාධිපති යන වාසගම ඇත. කෙසේ වෙතත් මෙම වාසගම නැකැති වෘත්තිය සම්බන්ධ කුලය අතර බහුල ව භාවිත වන බව පෙනේ. මෙයින් අදහස් කරන්නේ අෂ්ටනාරි සන්දේශයේ කතුවරයා මෙම සුවිශේෂිත වෘත්තීය ප්‍රජා කණ්ඩායමට අයත් වූ බව යි.

නැකැති වෘත්තිකයන් විසින් කරන ලද සේවාවන්හි ස්වභාවය නිසා ඔවුන්ට ජ්‍යොතිෂය පිළිබඳ දැනුම, හින්දු සංස්කෘතිය පිළිබඳ දැනුම, පාලි සහ සංස්කෘත වැනි සාහිත්‍ය භාෂා පිළිබඳ දැනුම, යාග හෝම හා සම්බන්ධ චාරිත්‍ර වාරිත්‍ර සහ ශ්ලෝක පිළිබඳ දැනුම හා ඒ සම්බන්ධ කුසලතා හුරුපුරුදු වීමට අවස්ථාව ලැබුණි. මෙම වෘත්තීය පසුබිම සහ එහි බලපෑම නිසා මෙම වංශයේ නිර්මාණශීලී පුද්ගලයින්ට කවියන් සහ කලාකරුවන් වීමට ස්වභාවික පසුබිමක් උදා වන්නට ඇත. (උදාහරන වශයෙන් 18 වන සියවසේ මැද භාගයේ දී තිලකොබෝ සංදේශය රචනා කළ හරණ ගණිතයා ද මෙම කුල කණ්ඩායමෙන් බිහි විය). අෂ්ටනාරි සන්දේශයේ කතුවරයා බිහි වන්නට ඇත්තේ ද බොහෝ දුරට මෙම පසුබිමෙනි.

කෙසේ වෙතත්, සාම්ප්‍රදායික කුලය මත පදනම් වූ වෘත්තීය අනන්‍යතාව නූතන ලෝකයේ අපේක්ෂාවන් නිසා අවතක්සේරු වී ඇත. මෙම වෘත්තීය කණ්ඩායම්වල දීර්ඝ පැවැත්මට සීමාකම් ඇති විය. නූතන සමාජය තුළ මෙම සාම්ප්‍රදායික වෘත්තීන් සමාජීය වශයෙන් පහත් මට්ටමක පවතින බවට අර්ථකථනයන් ඇති විය. මැටිඹළුව යන නම එහි

වෙසෙන වැසියන්ට ඔවුන්ගේ සාම්ප්‍රදායික කුලය සිහිපත් කළේ ය. එබැවින් එහි වෙසෙන බොහෝ පදිංචිකරුවෝ ඔවුන්ගේ සාම්ප්‍රදායික වාසගම වෙනස් කිරීමට තීරණය කළහ. එපමණක් නොව ඔවුහු 2010 දී පමණ මෙම ගමේ නම මැදගමුව ලෙස වෙනස් කළහ.

මෙම පරිවර්තනය සමාජ ආර්ථික පද්ධතියක සංධිස්ථානයක් සනිටුහන් කර ඇත. මෙම ගම සහ එහි පාරම්පරික වැසියන් නව ගමන් මාර්ගයකට අවතීර්ණ වූ අතර එමඟින් මෙම ගමේ සාම්ප්‍රදායික වෘත්තීය උරුමය ක්‍රමයෙන් අතුරුදන් වීමට ඉඩ හැරියේ ය. එපමණක් නොව ඔවුන්ගේ කීර්තිමත් මුතුන් මිත්තකු වූ මෙම කීර්තිමත් සිල්පාධිපති කවියා ගැනවත් වත්මන් වැසියන් කිසිවෙකු නොදැන සිටින බව මගේ සමීක්ෂණවලින් මට පැහැදිලි විය.

උලගල්ල දිසාව යනු කවරෙක්ද?

මීට ඉහත සඳහන් කර ඇති පරිදි සන්දේශයේ අරමුණ වූයේ නුවරකලාවියේ[7] හුරුළු පළාතේ උලගල්ල දිසාවට ආශිර්වාද ලබා දීම ය. උලගල්ල දිසාව ඉලංගසිංහ කළු කුමාරගේ පරම්පරාවෙන් පැවත එන්නකු බව සන්දේශය හෙළිදරවු කරයි. පද්‍ය 118 සිට 122 දක්වා පද්‍යවල (නව වන පරිච්ඡේදය) ඔහුට මුතුන් මිත්තන්ගෙන් උරුම වූ විමන, ධනය, බලය සහ වරප්‍රසාද ඇතුළත් ඔහුගේ කීර්තිමත් මුතුන් මිත්තන්ගේ උරුමය පිළිබඳ ඉහළ වර්ණනාවක් ඇත.

ඓතිහාසික පුස්කොළ පොත්වලින් (විත්ති පොත්) අතීතයේ උලගල්ල ප්‍රදේශයේ විසූ ප්‍රධානීන් හඳුනා ගැනීම සඳහා ඉතා ප්‍රයෝජනවත් තොරතුරු ලැබේ. උදාහරණයක් ලෙස වන්නි උපත පුස්කොළ අත්පිටපතේ (ඔබේසේකර, 2005, පිටුව 23-26) දඹදෙණි යුගයේ දී (ක්‍රි.ව. 1220 - 1345) ලංකාවට සංක්‍රමණය වූ දකුණු ඉන්දීය කුමාරවරුන් හත් දෙනෙකු ගැන තොරතුරු හමුවේ. මෙම රාජධානියේ බුවනෙකබාහු 1 (ක්‍රි.ව. 1271-1283) රජු ඔවුන් රටේ විවිධ ප්‍රදේශවල පදිංචි කිරීමට කටයුතු කළේ ය. මදුරාපුර රජ පවුලේ උපත ලද මෙම කුමාරවරුන්ගෙන් දෙදෙනකු අනුරාධපුරයේ උලගල්ල ප්‍රදේශයේ පදිංචි කිරීමට කටයුතු කරන ලදි. කළු කුමාර බණ්ඩාර නමින් හැඳින්වෙන එක් කුමාරයෙක් කළුවිල ඇතුළු ගම් දොළහකින් පිදුම් ලැබී ය. ඔහුට "කළු කුමාර වන්නියා" යන ගෞරව නාමය ද ලබා දුන්නේ ය. අනෙක් කුමාරයා වූ ඉලංගසිංහ

7 මෙම ප්‍රදේශය නුවර වැව, කලා වැව සහ පදවිය වැව ආවරණය වන ප්‍රදේශයක් ලෙස හඳුනාගෙන ඇත. නමුත් මාමිනියාවේ ඉලංගසිංහ (සම්මුඛ සාකච්චා) සිතන්නේ මේ නුවරකලාවිය වත්මන් අනුරාධපුර දිස්ත්‍රික්කයටත් වඩා විශාල බව යි.

බණ්ඩාරට කට්ටමන්කුලම ඇතුළු ගම් නවයක් ලබා දී ඔහුට "ඉලංගසිංහ වන්නියා" යන නාමය පුද කළේ ය. කළුවිල ගම්මානය වත්මන් උලගල්ල ගම්මානයේ සිට වයඹ දෙසට කිලෝමීටර් 3ක් දුරින් පිහිටා ඇති අතර කට්ටමන් කුලම වර්තමාන උලගල්ල ගම්මානයේ සිට කිලෝමීටර් 3ක් ගිනිකොන දෙසින් පිහිටා ඇත. අෂ්ටනාරි සන්දේශයේ සඳහන් වෙන 'ඉලංගසිංහ කළු කුමරු' මෙම දෙදෙනාගෙන් එක් අයකු හෝ ඔවුන් දෙදෙනාගෙන් පැවත එන්නකු විය හැකි ය.

උලගල්ල ප්‍රදේශයේ ප්‍රාදේශීය නායකයන් පිළිබඳ තවත් ඉතිහාසගත තොරතුරක් මුක්කර හටන පුස්කොළ පොතේ (බණ්ඩාරනායක, 2022, පිටුව. 182-186) අඩංගු වේ. කෝට්ටේ රාජධානි සමයේ දී දකුණු ඉන්දීය මුක්කරු ශ්‍රී ලංකාව ආක්‍රමණය කළ විට හය වන පරාක්‍රමබාහු රජු (ක්‍රි.ව. 1412-1467) ආක්‍රමණිකයන්ට එරෙහි ව සටන් කිරීම සඳහා දකුණු ඉන්දියාවෙන් කරෙයියාර් සොල්දාදුවන් ගෙන්වා ගත්තේ ය. (බණ්ඩාරනායක, 2022, පිටු. 182-186). කරෙයියාර් සොල්දාදුවන් මුක්කර ආක්‍රමණිකයන් පරාජය කිරීමෙන් පසු එම කරෙයියාර් සොල්දාදුවන්ට ශ්‍රී ලංකාවේ පදිංචි වීමට අවසර ලැබුණි. එසේ ම ඔවුන් දේශීය රාජකීය හමුදාව පුහුණු කිරීම සඳහා ද යොදවා ගනු ලැබිණි. වන්නි උපත පුස්කොළ පොතේ (ඔබේසේකර, 2005, පිටුව 23) ඔවුන් විසින් පුහුණු කරන ලද ප්‍රාදේශීය හමුදා නායකයින්ගේ ලැයිස්තුවක් සඳහන් වේ. එම හමුදා නායකයින් අතරට හල්කන්දේ වැදිරාළ, මොරකැවේ ගමරාළ, මාමිණියාවේ වැදි ගමරාළ, උලගල්ල වැදිරාළ අයත් විය.

පෘතුගීසීන් ත්‍රිකුණාමලයේ බල කඳවුරක් ආරම්භ කළ විට උලගල්ල වැදිරාළ පෘතුගීසීන්ට එරෙහි ව සටන් කිරීම සඳහා තම ප්‍රදේශයෙන් වැදි සටන්කරුවන් සංවිධානය කළේ ය. එබැවින් වන්නි උපත සඳහන් කරන පරිදි ඔහුගේ සේවය අගයමින් කෝට්ටේ රජු විසින් ඔහුට ගම්මාන ගණනාවක් පිරිනමන ලද අතර වන්නියා තනතුරක් ද පිරිනමන ලදි. මෙම සම්මානය පිළිබඳ විස්තර තඹ සන්නසක සටහන් කරන ලදි. මට මෙම තඹ සන්නස පිළිබඳ තොරතුරු ලබා ගැනීමට අපහසු විය.

උලගල්ල දිසාව කළු කුමාර බණ්ඩාරගෙන් හෝ ඉලංගසිංහ බණ්ඩාරගෙන් හෝ උලගල්ල වන්නියාගෙන් පැවත එන්නෙකු විය හැකි බව මෙම තොරතුරුවලින් ගම්‍ය වේ. ඔවුන් සියලු දෙනා ම පාරම්පරික ව එකිකොට ලේ නෑකමින් සම්බන්ධ විය හැකි ය.

උලගල්ල දිසාවට ආශිර්වාද අවශ්‍ය වූයේ ඇයි?

දඹදෙණි රාජධානියේ බුවනෙකබාහු රජු විසින් උලගල්ල මුතුන් මිත්තන්ට කරුණාවෙන් ලබා දුන් භූමිය සහ රට නැවත දිනා ගැනීම මෙම සංදේශයේ එක් අභිප්‍රායක් වූ බව 130 සහ 131 යන පද්‍යයන්ගෙන් හෙළි වේ. මෙම සන්දේශය රචනා කරන අවධියේ පාරම්පරික ඉඩම් ආරාවුලක් පැන නැගෙමින් තිබුණා විය හැකි අතර මෙම සන්දේශය එම ආරවුලට එක් විසඳුමක් ලෙස සලකන්නට ඇත.

"මවා නික සිතින් එළු පද පතල ක　　ර
පෑවා සේක බුවණෙක අදහසින් ක　　ර
පාවා දීපු රට තොට පට පහස් ක　　ර
බෝවා ආසිරින් මා නිදහසක් ක　　ර"

"නරනිඳු බුවණේක යන නම නිරිඳු වෙ　　ත
පුර ඉඳු සඳ සිසිර ගොත් කැළමෙන් දිම　　ත
සුරණිඳු කරුණු කුළුනින් රට දෙවු වෙ　　ත
පරසිඳු උලගල්ලේ මැතිඳුට වේය සෙ　　ත"

උලගල්ල දිසාව ප්‍රදේශයේ ප්‍රධානියා ලෙස බලය සහ නායකත්වය දැරූ නමුත් මෙම තොරතුරුවලින් පෙනී යන්නේ ඔහුගේ අධිකාරියට කෙසේ හෝ තර්ජනයක් ඇති වී තිබූ බව යි.

මෙම ආරවුලට හේතු කුමක් විය හැකිද? මහනුවර යුගයේ මුල් භාගයේ උලගල්ල දිසාවගේ ආරාවුලට පසුබිම වුවා ය යි සිතිය හැකි කරුණු පහත විග්‍රහය මගින් ඉදිරිපත් කරමි.

මෙම සන්දේශයේ 118 සිට 122 පද්‍යවලින් උලගල්ල ජලාශය, උලගල්ල ගම, ඉලංගසිංහ කළු කුමාරගේ මන්දිරය, ඔහුට උරුම වූ ධනය, වරප්‍රසාද සහ උරුමය ගැන කියැවේ. ඉන් පසු ඉලංගසිංහ කළු කුමාර පරම්පරාවට හා උරුමයට ඇති සම්බන්ධය පැහැදිලි ව ඉදිරිපත් නොකොට උලගල්ල දිසාවට ආශිර්වාද කරයි. එනිසා උලගල්ල යනු අන් කිසිවකු නොව ඉලංගසිංහ කළු කුමාරගෙන් පැවත එන කෙනෙකු බව පෙනේ. ඔහු සන්දේශය ලියවුණු කාලය වන විට උලගල්ල ප්‍රදේශයේ සිට රට පාලනය කළ දිසාව කෙනෙකු ලෙස පැහැදිලිව ම හඳුනා ගත හැකි ය.

ඉහත සඳහන් කර ඇති පරිදි දඹදෙණි යුගයේ (ක්‍රි.ව. 1271-1283) සිට නුවරකලාවිය පළාතේ සංක්‍රමණික ප්‍රභූ කන්ඩායම් ගණනාවකට

ඓතිහාසික ඉඩම් ප්‍රදානයන් සහ අධිකාරි තනතුරු පිරිනැමීම් සිදු වී ඇත. මෙම අධිපතීන් අතර ආතතියක් ගොඩ නැගෙන්නට ද ඇත.

මේ හැර කෝට්ටේ රාජධානි සමයේ (ක්‍රි.ව. 1412-1467) එක් මලල කුමාරයකුට අනුරාධපුර ප්‍රදේශය ලබා දී නුවරවැවේ සූරිය වන්නි කුමාරසිංහ බණ්ඩාර ලෙස නම් කර ඇත (බණ්ඩාරනායක, 2021, පිටුව 124). මෙය නුවරවැව යන පරම්පරාවක ආරම්භයකි. ඔහුට අනුරාධපුර පූජනීය අටමස්ථානවල භාරකරු වීමේ වරප්‍රසාදය හිමි වූ බැවින් මෙම කුමාරසිංහ බණ්ඩාර වඩාත් බලවත් නායකයකු වූ බව පෙනේ[8]. මීට අමතර ව දඹදෙණි යුගයේ කළු කුමාර බණ්ඩාරට මීට පෙර ලබා දී තිබූ කළුවිල ප්‍රදේශයේ භාරකාරත්වය ද ඔහුට හිමි විය. බොහෝ වන්නියාර්වරුන් සහ අනෙකුත් ප්‍රාදේශීය නායකයින් වාර්තා කළ "මහා වන්නියා" තනතුර ද ඔහුට පැවරී තිබේ.

වන්නි විත්තිය පුස්කොළ පොත (බණ්ඩාරනායක, 2021, පිටුව 99) ඉඟි කරන්නේ කෝට්ටේ යුගයේ දී කළු කුමාර බණ්ඩාර සහ ඉලංගසිංහ බණ්ඩාර යන අයගේ පරම්පරාවේ බලය සහ අධිකාරිය කැළඹීමට ඉඩ කඩ තිබූ බව යි. කෙසේ වෙතත් මෙම බණ්ඩාරවරු දෙදෙනාගෙන් පැවත එන්නන් වරින් වර වන්නියාර් තනතුරු ලබා ගත් නමුත් කුමාරසිංහ බණ්ඩාර නැමැති මහා වන්නියා වෙත වාර්තා කිරීමට සිදු විය. මෙම නව මහා වන්නියා අධිකාරී තනතුර සහ සම්බන්ධ පරිපාලන ව්‍යුහය සහ ඉඩම් ප්‍රදානයන් නිසා කළු කුමාර සහ ඉලංගසිංහ බණ්ඩාර වංශයන්ට පසුබෑමක් සිදුවන්නට ඇත.

උලගල්ල වංශයට සිදුවූ පසුබෑම කුමක්ද?

Davy (1821) සහ D'Oyly (1912) යන ඉංග්‍රීසි ලේඛකයන්ට අනුව යාපනය රාජධානිය හා කෝට්ටේ රාජධානිය අතර ප්‍රදේශය වන්නිය ලෙස නම් කර තිබූ අතර එය පත්තු (උප දිස්ත්‍රික්ක) දහඅටකට බෙදා තිබිණ. නුවරකලාවිය උඩරට රාජධානියේ දිසාවන්නියක් (මහා දිසාව කොට්ඨාසයක්)[9] ලෙස පැවති නමුත් උඩරට රාජධානියේ අනෙකුත් දිසාවන් (උදා. සත් කෝරළය සහ සතර කෝරළය) හා සසඳන විට මෙම

---

8 නුවර වැව පවුලේ ඉතිහාසය ආරම්භ වන්නේ දේවානම්පියතිස්ස රජු සමයේ (ක්‍රි.පූ. 247 සිට ක්‍රි.පූ. 207 දක්වා) ශ්‍රී ලංකාවට පූජනීය ශ්‍රී මහා බෝධිය රැගෙන ආ බෝධිගුප්ත කුමරුගෙනි. (කරුණානන්ද, 2005, පි. 11)

9 උදාහරණයක් ලෙස 1815 දී මෙම දිසාවන්නිය සතර කෝරලේ මහා දිසාව වූ ගලගොඩ දිසාව යටතේ පාලනය විය.

අධිපති තනතුර කනිෂ්ඨ දිසාව හෝ සුළු දිසාව[10] තනතුරක් ලෙස සැලකුණි.

මහා දිසාව යටතේ නුවරකලාවිය පාලනය කළ පුද්ගලයා "මහා වන්නියා" නම් වූ අතර ඔහුට ශුද්ධ වූ ආගමික ස්ථාන අටක (අටමස්ථානය) භාරකාරත්වය ද හිමි විය. වන්නිවරු දහඅට දෙනෙකු මේ මහා වන්නියාට වාර්තා කළහ. කරුණානන්ද (2005) පවසන්නේ මහා වන්නියා තනතුරු සෑම විට ම පුරවන ලද්දේ අනුරාධපුර නුවර වැව පවුල විසින් බව ය. දඹදෙණි යුගය දක්වා දිවෙන ඉඩම් උරුමය ඇති උලගල්ල ප්‍රදේශයේ ප්‍රධානීන්ට වඩා නුවර වැව වංශය උසස් බවක් පසුව හිමිකර ගත් බවට සැකයක් නැත.

නුවර වැව පවුලේ රාජකීය තත්ත්වය මහනුවර රාජධානියේ දී තව දුරටත් ශක්තිමත් විය. "මදුරාපුර රාජ පරම්පරා රාජාවලිය" නම් පුස්කොළ පොත (බණ්ඩාරනායක, 2022, පිටුව 146-147) සටහන් කරන්නේ මහනුවර රාජධානි සමයේ දී ශ්‍රී ලංකාවට පැමිණ මහනුවරට යන අතරතුර නුවර වැව වලව්වේ නැවතී සිටි මදුරාපුර රජ පවුලේ කුමාරවරුන් හා කුමරියන් පිරිසක් පිළිබඳ ඉතාමත් සිත් ඇදගන්නාසුලු කථාවකි. ඔවුන්ගෙන් එක් කුමරියක් වූ සුපර්ණා නුවර වැව වලව්වේ ගත කළ කෙටි කාලය තුළ එම පවුලේ පුත්‍රයකු වන ටිකිරි බණ්ඩා සමඟ ඇතිකරගත් රහසිගත සම්බන්ධයක් හේතුවෙන් ගැබ් ගත්තා ය. එබැවින් ඇය ටිකිරි බණ්ඩා සමඟ විවාහ වූ අතර ඇයගේ සහෝදරයෝ මහනුවරට ගොස් උඩරට රජ මාලිගයේ උසස් රාජකීය තනතුරු ලබා ගත්තෝ ය. මෙම නව සම්බන්ධතාවේ ප්‍රතිඵලයක් ලෙස නුවර වැව පවුල තව දුරටත් බලවත් හා ශක්තිමත් වන්නට ඉඩ ඇත.

මීට පෙර කළු කුමාර බණ්ඩාරට හෝ ඉලංගසිංහ බණ්ඩාරට දඹදෙණි යුගයේ සිට හිමි වී තිබූ කළුවිල රට නුවරවැවේ කුමාරසිංහ බණ්ඩාරට කෝට්ටේ රාජධානි සමයේ දී පිරිනැමීමෙන් කළු කුමාර බණ්ඩාරගේ පාරම්පරික ඉඩම් හිමිකම, වරප්‍රසාද සහ නායකත්වය අවම වීමේ ප්‍රවනතාවයක් ඇතිවූ බවට ඉඟියක් ලැබේ.

රජු විසින් නව නායක තනතුරු පත් කරනු ලැබීම් සමඟ මධ්‍යතන යුගයේ සිට එක ම භූමි ප්‍රදේශ හෝ රටවල් නව අධිපතීන් වෙත නැවත නැවත බෙදාදීම සහ නව භූමි සීමා ලකුණු කිරීම යනාදිය සාමාන්‍ය පටිපාටියක් විය. සමහර අවස්ථාවල දී ප්‍රාදේශීය නායකයන් රජුට

---

[10] කරුණානන්ද, 2005, පි. 11

ආයාචනා කළේ තම පාරම්පරික ඉඩම් සහ ඔවුන්ගේ උරුමයන් දීර්ඝ වශයෙන් රඳවා ගැනීමට අවශ්‍ය බැවින් ඔවුන්ගේ පාරම්පරික ඉඩම් සහ රටවල් නව නායකයින්ට ලබා නොදෙන ලෙස යි. (බණ්ඩාරනායක, 2021, පිටුව 126).

අෂ්ටනාරි සන්දේශය වනාහි උලගල්ල පරම්පරාවට සිදු වූ අසාධාරණයකට පිළියම් යෙදීම සඳහා දෙවියන්ගේ කරුණාව ලබාගැනීමට අහිංසාවාදී ව හෝ සියුම් ආකාරයට කරන ලද අයැදීමක් විය හැකි ය.

අෂ්ටනාරි සන්දේශය ලියා ඇත්තේ කවර කාලයකද?

අෂ්ටානාරී සන්දේශය ලියැවුණු කාලය පිළිබඳ විද්වතුන් අතර එකඟතාවක් නොමැත. මෙම කවියා ක්‍රි.ව. 1883 දී පමණ ජීවත් වූ බවත් අෂ්ටනාරි සන්දේශය 19 වැනි සියවසට අයත් බවත් ගොඩකුඹුර විශ්වාස කරයි. සන්නස්ගල (1964, පිටුව 585) ද එය මහනුවර යුගයේ පසු කාලයට අයත් යැ යි සිතයි. කෙසේ වෙතත් හියු නෙවිල් විශ්වාස කරන්නේ අෂ්ටනාරි සන්දේශය රචනා වී ඇත්තේ 1540-1560 අතර කාලයේ දී ලෙස යි. එයට හේතුව මෙම කවියා මුණ්ඩකොණ්ඩපොල ප්‍රාදේශීය රාජධානියේ එදිරිසිංහ (එදිරිමාන්නසූරිය) රජු දැක තිබීම ය.

මෙම සන්දේශය මුණ්ඩකොණ්ඩපොල රාජධානියේ මාලිගාව පිහිටි නාථගනෙන් ආරම්භ වුව ද මෙම සන්දේශයේ මෙම ප්‍රාදේශීය රාජධානිය ගැන කිසිම සඳහනක් නොමැත. 1597 දී මුණ්ඩුකොණ්ඩපොල ප්‍රාදේශීය රාජධානිය බිඳ වැටීමෙන් පසු ව උඩරට රාජධානියේ මුල් කාලයේ අෂ්ටානාරි සන්දේශයේ මුල් පිටපත ලියා ඇති බව මම විශ්වාස කරමි. කවියා 1540 සිට 1560 දක්වා පාලනය කළ එදිරිමාන්නසූරිය රජු දැක එම රාජ්‍යය බිඳවැටීමෙන් පසුවත් ජීවත් වූ අයකු විය හැකි ය.

කෝට්ටේ රාජධානි සමයේ දී නුවර වැවේ කුමාරසිංහ බණ්ඩාර නම් මලල කුමරුට කළුවිල ප්‍රදේශය ලබා දී ඇති නිසා කෝට්ටේ රාජධානිය 1597 දී බිඳ වැටිමෙන් අනතුරු ව උලගල්ල වංශයේ මෙම ඉඩම් ආරවුල මහනුවර යුගයේ ඉතාමත් මුල් භාගයේ දී උත්සන්න වන්නට ඉඩ ඇත. එම නිසා අෂ්ටානාරි සන්දේශය 1597 සහ 1615 වැනි කාලය අතර තුර රචනා කරන්නට ඉඩ ඇත.

කෙසේ වෙතත් 17 වැනි සියවසේ මුල් භාගයේ සිට මහනුවර යුගයේ අගභාගය දක්වා මෙම සන්දේශයේ යාවත්කාලීන කිරීම් සහ අනුවාද සකස් කිරීම් ගණනාවක් සිදු වන්නට ඇති බව මම විශ්වාස කරමි. PV සහ A1

පිටපත් එ වැනි අනුවාද විය හැකි ය. PV පිටපතේ නව පද්‍ය පහකට අයත් ගම්මාන වන කිරළාගෙදර, පලුගස්සෑව, කරඹේ පිදිවිල්ල, බොරවැව, සහ කඳුළුගමුව පිහිටා ඇත්තේ මෙම සන්දේශයට අයත් ගමන් මාර්ගයේ සත් කෝරළයේ උතුරු ප්‍රදේශයේ ය. එම නිසා මෙම අනුවාදයේ කවියා එම ප්‍රදේශයේ උපන් අයකු විමටත් ඉඩ තිබේ. A1 පිටපතේ කවියා අෂ්ටානාරි සන්දේශයේ අගය වැඩිකිරීම සඳහා එහි මුල් පිටපතේ ඇති ස්ථාන 11කට වැඩි වර්ණනා[11] කිරීම සඳහා අතිරේක පද්‍ය 18 ඇතුළත් කර ඇත. මෙම පිටපතේ සඳහන් ගම්මානවල සමීප භාවය අනුව මෙම කවියා බොහෝ දුරට මැටිඹළුව පරම්පරාවට අයත් අයකු විමට ද ඉඩ ඇත.

උලගල්ල වංශයේ සහ උලගල්ල මන්දිරයේ වර්තමාන තත්ත්වය කුමක්ද?

ඉහත සඳහන් කර ඇති පරිදි උලගල්ල පවුල අයත් වන්නේ ඓතිහාසික පරම්පරාවකට ය. ඔවුන් සමාරම්භ වූයේ දඹදෙණි යුගයේ දකුණු ඉන්දියාවෙන් සංක්‍රමණය වූ වංශවත් පවුල් කිහිපයකිනි. මෙම දකුණු ඉන්දීය සංක්‍රමණිකයන් සිංහල බෞද්ධ ප්‍රජාවට උකහා ගත් අතර ඔවුන් රටේ අනෙකුත් ප්‍රදේශවලට ක්‍රමයෙන් පැතිර යන ලදි. (බණ්ඩාරනායක, 2021). මෙම උලගල්ල වංශයේ බල පදනම වරින් වර උස් පහත් විය. මෙම පරම්පරාවෙන් පැවත එන්නන් තවමත් උලගල්ල සහ මාමිනියාව වැනි ගම් ඇතුළු ආසන්න ප්‍රදේශ කීපයක ජීවත් වෙති[12].

ඉහත සඳහන් කර ඇති පරිදි නුවරකලාවිය කාලයක් තිස්සේ ප්‍රධාන වශයෙන් නුවර වැව පවුල නියෝජනය කරන මහා වන්නියා නැමැති ප්‍රධානියෙක් යටතේ විය. 1815 සිට බ්‍රිතාන්‍ය පාලන සමයේ දී නුවරකලාවිය පාලනය කළ ප්‍රධානීන්ගේ ලැයිස්තුවක් කරුණානන්ද (2005, පිටු 160-163) සපයයි. එම තොරතුරු මෙම ප්‍රධානින්ගේ විකාසනය පිළිබඳ හැදෑරීමට ප්‍රයෝජනවත් වේ.

ඒ අනුව 1815 සිට 1833 දක්වා නුවරකලාවියේ "මහා වන්නියා" වූයේ නුවරවැවේ සූරිය කුමාර මුදියන්සේ ය. 1833 දී නුවරකලාවිය නැගෙනහිර

---

11 කලින් BL M1 M2 වල සඳහන් කර තිබූ නමුත් අතිරේක පද්‍ය වලින් වර්ණනා කර ඇත්තේ කොල්ලෑගල, බටුපිටිගම, යද්දස්සකන්ද, දොළුකන්ද, වල්ලාගල, අළුපොතාගම, තිස්සවෙල, සේරුගොල්ල, නුවර කන්ද, දැදුරු ඔය, නින්දගම, සහ දිවුල්වැව යන ස්ථාන ය.

12 මෙම ප්‍රකාශනයේ විෂය කරුණුවලට අදාළ ලෙස මා අවධාරණය කළේ ප්‍රදේශයේ කැපී පෙනෙන නායකයින් පමණක් බව පිළිගැනීමට කැමැත්තෙමි. කෙසේ වෙතත්, ඔවුන්ගේ පරම්පරාව තවමත් මෙම ප්‍රදේශයේ ජීවත් වේ, නැතහොත් රටේ වෙනත් ප්‍රදේශවලට ව්‍යාප්ත වී ඇත. තව ද, ඔවුන්ට දියණියන් පමණක් සිටිය දී ඔවුන්ගේ වාසගම වෙනස් විය.

කොට්ඨාසය (හුරුළු පළාත) සහ බටහිර කොට්ඨාසය (නුවරගම් පලාත) ලෙසින් කොට්ඨාස දෙකකට බෙදා වෙන් කරන ලදි. 1833 සිට 1839 දක්වා නැගෙනහිර කොට්ඨාසය භාර ව සිටියේ ඉලංගසිංහ කළුකුමාර තාමරවැව බණ්ඩා මුදියන්සේ ය.

1839 දී නුවරකලාවිය කොට්ඨාස තුනකට (හුරුළු පලාත, නුවරගම් පලාත, සහ කලාගම් පළාත) බෙදන ලද අතර එම සෑම කොට්ඨාසයකට ම රටේ මහත්තයෙක් පත්කර සිටියේ ය.

1839 සිට 1878 දක්වා උලගල්ල ප්‍රදේශය අයත් වූ හුරුළු පළාතට රටේ මහත්වරු තිදෙනෙක් සිටියහ. උලගල්ල වංශය අනුක්‍රමණයෙන් රටේ මහත්වරු දෙදෙනකු මගින් නියෝජනය විය. 1839 සිට 1848 දක්වා ඉලංගසිංහ කළු කුමාර තාමරවැව බණ්ඩා මුදියන්සේ එම තනතුර හෙබවූ අතර 1849 සිට 1877 දක්වා ඉලංගසිංහ කළුකුමාර රාජකරුණා නිකවැව මුදියන්සේ එම තනතුර හෙබවී ය. 1878 දී ඉලංගසිංහ කළුකුමාර රාජකරුණා නිකවැව මුදියන්සේ එම තනතුරට පත් විය. (කරුණානන්ද 2005 160-163). නිකවැව ප්‍රභූ පවුල 1800 ගණන්වල අග භාගයේ දී විවාහයන් මගින් උලගල්ල වංශයට සම්බන්ධ වූ කණ්ඩායමක් බව පෙනේ.

පසු කාලයක දී උලගල්ල රටේ මහත්තයකුගේ එක ම දියණිය වූ අනුලා කුමාරිහාමි මෙම උලගල්ල මන්දිරයේ හිමිකාරිය වූවා ය. ඇය මහනුවර සිට පැමිණි කිරිබණ්ඩා පානබොක්කේ සමඟ විවාහ වූවා ය. කිරිබණ්ඩා 1915 දී මෙම මන්දිරය ප්‍රතිසංස්කරණය කළ අතර ඉන් පසුව එය පානබොක්කේ වලව්ව ලෙස හැඳින්විණි.

1980 ගණන්වල ඇති වූ සිවිල් යුද්ධ සමයේ දී අනුරාධපුරය හමුදා නගරයක් බවට පත් වූ අතර උලගල්ල වලව්ව ඔවුන්ගේ හමුදා මූලස්ථානය ලෙස ශ්‍රී ලංකා යුධ හමුදාව විසින් අත්පත් කර ගන්නා ලද්දේ ය.

පානබොක්කේ පවුල විසින් උලගල්ල වලව්ව සහ ඉඩම සංචාරක හෝටලයක් බවට පත් කිරීම සඳහා 2007 දී Ugā Escapes Management (Pvt) Ltd of Sri Lanka වෙත විකුණන ලදි. දැන් මෙම වලව්ව සුඛෝපභෝගී හෝටලයක් වන අතර එය උගා උලගල්ල රිසෝට් (Uga Ulagalla Resort) ලෙස හැඳින්වේ.

මෙම හෝටලය පිහිටා ඇත්තේ අක්කර 58ක පැතිරුණු උලගල්ල පරම්පරාවට අයිති සශ්‍රීක හරිත උද්‍යානයක ය. එහි මධ්‍යයේ වසර 200 කට වඩා පැරණි උලගල්ල මන්දිරය (වලව්ව) දිස් වේ.

මෙම වලව්වේ පැරණි කොටස සිත් ඇදගන්නාසුලු මුහුණතකින් සමන්විත වන අතර බිම් මට්ටමේ කොටස විශාල පෙදරේරු කුළුණුවලින් සමන්විත වන අතර ඉහළ මට්ටම සිහින් දැව කුළුණු සහිත බැල්කනියක් මගින් ආකර්ශනීය සංයුතියක් නිර්මාණය කරයි. Ugā Ulagalla හෝටලය හිමිකරුවන් එහි පොහොසත් සාම්ප්‍රදායික ගෘහ නිර්මාණ ශිල්පය, සංස්කෘතික උරුමය සහ ඓතිහාසික වැදගත්කම ආරක්ෂා කිරීමට කටයුතු කර ඇති බව පෙනේ.

ඊළඟ පරිච්ඡේදයේ සම්භාව්‍ය සන්දේශ කාව්‍ය සම්ප්‍රදාය පිළිබඳ හැඳින්වීමක් ඉදිරිපත් කරන අතර එමගින් අෂ්ටානාරී සන්දේශය විවරණය කිරීමට පසුබිම සපයා ගනු ලැබේ.

3 වන පරිච්ඡේදය:
සම්භාව්‍ය සන්දේශ කාව්‍ය සම්ප්‍රදාය

සිංහල කාව්‍ය සාහිත්‍ය සම්ප්‍රදායේ පුළුල් විෂය පථය තුළ අෂ්ටානාරි සන්දේශයට හිමි වන ස්ථානය පාඨකයන්ට අවබෝධ කර ගැනීමට උපකාර කිරීම සඳහා මෙම පරිච්ඡේදය සහ ඊළඟ පරිච්ඡේදය වෙන් කරමි. ප්‍රථමයෙන් සන්දේශ කාව්‍ය සාහිත්‍ය සම්ප්‍රදාය පිළිබඳ කෙටි හැඳින්වීමක් ඉදිරිපත් කරමි. අෂ්ටනාරි සන්දේශය සම්භාව්‍ය සම්ප්‍රදායෙන් බැහැර වී ඇත් ද යන්න තේරුම් ගැනීමට මෙම පසුබිම උපකාරී වනු ඇත.

සන්දේශ කාව්‍ය

කාව්‍යය යනු ශ්‍රවණ සාහිත්‍ය මාධ්‍යයකි. එය සංලක්ෂිත වන්නේ සුවිශේෂී චිත්තවේගයන් උත්තේජනයට කිරීමට උපකාරී විය හැකි අතිශයෝක්තිය දනවන වස්තු බීජ, උපමා, උපමා රූපක සහ රිද්මය බහුල භාෂා හැසිරවීමකිනි. මෙවැනි ආයාසයක ප්‍රතිඵලය වන්නේ කෙටි කාව්‍යයක්, ගීතමය කෘතියක්, වීර කාව්‍යයක්, ආඛ්‍යානක් හෝ නාට්‍යමය කෘතියකි. සංස්කෘත නාට්‍ය කලාවේ පියා ලෙස සැලකෙන දාර්ශනිකයකු සහ කවියෙකු වන අශ්වඝෝෂ (ක්‍රි.ව. 80-150) විසින් කාව්‍ය යන පදය ප්‍රථම වරට නිර්මාණය කර ඇත. (Macdonell, 1900, පි 335, Gonda, 1984, පි 6-8).

සන්දේශ කාව්‍යයේ ආකෘතිය ප්‍රධාන වශයෙන් සමන්විත වන්නේ පණිවිඩයක්, පණිවිඩය රැගෙන යන පණිවිඩකරුවකු (හෝ දූතයෙකු) සහ පණිවිඩය ලබන්නා හෝ පණිවිඩය භාර දෙන ස්ථානය යන අංගවලිනි. සියලු ම සම්භාව්‍ය සන්දේශ කාව්‍යවල දූතයාගේ විවිධත්වය හැරුණු විට සමාන ආකෘතියක් භාවිත කර ඇත. දූතයා උසස් කුලයකට හෝ උසස් ජීවියකු විය යුතු බවට පිළිගැනීමක් තිබුණි. (තිලකසිරි, 2013, පි 15).

සන්දේශයක නම සාමාන්‍යයෙන් ප්‍රකාශ වන්නේ පණිවිඩය රැගෙන යන්නාගේ හෝ දූතයාගේ නමෙනි.

සවිස්තර වශයෙන් සලකන විට සියලු ම සන්දේශ කාව්‍යයන් පොදු ලක්ෂණ කීපයකින් සමන්විත වේ, ඒවාට ඇතුළත් වන්නේ:

- පණිවිඩකරුවා පිළිගැනීම
- පණිවිඩකරුවාව ප්‍රශංසා කිරීම
- පණිවිඩය ලබන්නා ගැන සඳහන් කිරීම
- පිටත් ව යන නගරය සහ එහි ප්‍රධානියා වර්ණනා කිරීම
- ගමන ආරම්භය පිළිබඳ උපදෙස්
- ගමන් විස්තරය
- පණිවිඩය ලබන්නා සහ පදිංචි ස්ථානය වර්ණනා කිරීම
- පණිවිඩය ප්‍රකාශ කිරීමට උපදෙස් සහ
- පණිවිඩකරුවාට ආශිර්වාද කිරීම (තිලකසිරි, 2013, පි 14-15)

කෙසේ වෙතත් අරමුණ සහ විෂය කරුණු අනුව කවියා මෙම සාම්ප්‍රදායික ආකෘතියෙන් මදක් බැහැර වීමට ඉඩ ඇති අවස්ථා තිබේ.

කාලිදාසගේ මේඝදූතය මෙම සාහිත්‍ය සම්ප්‍රදායේ ජනප්‍රියත්වයේ උච්චත ම අවස්ථාව ලෙස සැලකිය හැකි ය. එය ලියා ඇත්තේ ක්‍රිස්තු වර්ෂ 5 වැනි සියවසේ බව සැලකේ. පසු ව කාලිදාසගේ කෘතියෙන් ආභාෂය ලැබූ බොහෝ කවියෝ කාලිදාසගේ අන්තර්ගතය, ආකෘතිය, ශෛලිය පමණක් නොව තනු පවා අනුකරණය කරමින් සන්දේශ කාව්‍ය රචනා කළෝ ය.

මේඝදූතය සම්භාව්‍ය කාව්‍ය ගණයට අයත් වන්නේ එවැනි කෘතිවල තිබිය යුතු අත්‍යවශ්‍ය අංගයන් වන ඉහළ ගුණාත්මක භාවය (degrees of high quality) සහ කාලාන්තරයක් තිස්සේ පාඨකයාගේ මතකයේ රැඳී සිටීමේ බලය (degrees of staying power) යන දෙක ම පෙන්නුම් කළ බැවිනි. සම්භාව්‍ය කාව්‍ය ලැයිස්තුවට ඇතුළත් වන සියලු ම කාව්‍යයන්වල විශේෂයෙන් මෙම ලක්ෂණ දෙක ම ඇත (McKinsey, 2023).

මේඝදූතය, එහි චිත්තවේගීය විෂය කරුණු, කාව්‍යමය වශයෙන් උසස් ප්‍රමිති සහ කාව්‍ය ශෛලියේ ගැඹුරු බව යන ඉහළ ගුණාංග නිසා වඩාත් ආකර්ශනීය නිර්මාණයක් විය. ධනයට අධිපති දෙවියා ලෙස සැලකෙන ආලකපුර රජු වන කුබේරගේ සේවකයකු වූ යක්ෂ තරුණයකුගේ ශෝකජනක ජීවිතය මේඝදූතයෙන් නිරූපණය කෙරේ. ඔහු තම බිරිඳගෙන්

වෙන් වූ අතර, ඔහු චෝටා නාග්පූර් කඳුකරයේ තනි ව සිටියේ ය. ඔහු ශෝකයෙන් පෙළී සිටිද්දී වැසි සමය එළඹෙන විට උතුරු දෙසට ගමන් කරන අඳුරු පැහැති වැසි වලාකුළු දර්ශනය විය. මෙම දර්ශනය ඔහුගේ හදවත ආශාවෙන් පිරවීමට හේතු වූ අතර එම නිසා දුරස්ථ හිමාලයේ සිටින තම බිරිඳට බලාපොරොත්තුවේ පණිවිඩයක් මෙම වලාකුළ මගින් ප්‍රකාශ කිරීමට ඔහු පෙලඹුණේ ය (Macdonell 1900 පිටුව 335). මෙම කෘතිය අනෙකුත් කවියන්ට පරමාදර්ශී වන, උත්තේජනය කරන සහ උද්‍යෝගිමත් කරන සාහිත්‍ය ආකෘතියක් විය.

දූත කාව්‍යයක විස්තර කෙරෙන ප්‍රේමයේ ගුණාංගය සම්භෝග (එකට එකතු වන) ප්‍රේමයක් නොව වෙන්වීමේ හෝ විරහ ප්‍රේමයක් වන නිසා එය වඩාත් සංවේදනීය ලෙස ආකර්ෂණය වන්නේ ය.

දූත කාව්‍යය කාලිදාසගේ කාලයට පෙර සිට ම හොඳින් ස්ථාපිත වූ ප්‍රවර්ගයක් බව අපට උපකල්පනය කිරීමට තොරතුරු ඇත. කාලිදාස තම කාව්‍යය සඳහා වාල්මිකීගේ රාමායනයේ කොටසකින් හෝ වෙනත් එවැනි ව්‍යුහයක් සහිත වීර කාව්‍යයකින් යම් ආභාසයක් ලබා ගන්නට ඇත. එබැවින් ඔහු මේඝදූතය රචනා කිරීමට පෙර දූත කාව්‍යය ගැන හුරුපුරුදු ව සිටි බව අපට අනුමාන කළ හැකි ය. රාමායණයේ රාමා තම විශ්වාසවන්ත හනුමන්තා දුර බැහැර පිහිටි ශ්‍රී ලංකාවට දූතයෙක් ලෙස යවන්නේ රාවණා විසින් පැහැර ගෙන ගොස් සිටි තම බිරිඳ වන සීතා වෙත පණිවිඩයක් රැගෙන ය. අවසානයේ දී රාම විසින් සටනකින් රාවණා රජු පරාජය කරන ලදි. දැඩි වියෝ වීමකින් අනතුරු ව නොපසුබට උත්සාහය නිසාත්, කැපවීම නිසාත් සහ යහපත්කම නිසාත් අවසානයේ දී ඔවුන්ගේ ආදරය විජයග්‍රහණයක් වන්නේ ය.

Gonda (1984 පිටුව 113) යෝජනා කරන්නේ බොහෝ විට සන්දේශ කාව්‍ය ආරම්භ වූයේ ඛණ්ඩ කාව්‍ය (කුඩා කාව්‍යය) වර්ගය අනුසාරයෙන් බව යි. මෙම සම්භාව්‍ය ආකෘතිය පහත සඳහන් අංගවලින් සමන්විත විය. කාව්‍යය ආරම්භ වන්නේ තරුණයකු සහ තරුණියක ඉතාමත් ආදරයෙන් බැඳී සිටින නමුත් යම් අවාසනාවන්ත හේතුවක් නිසා (මේඝදූතයේ මෙන් ශාපයකින්) වෙන් වීමට සිදු වීමකිනි. එසේ නොමැති නම් දෙදෙනාගෙන් එක් අයකු පැහැරගෙන යන නිසා එය සිදු වේ. එම නිසා අනෙක් සහකරු වේදනාකාරී වියෝවකට ලක් වේ. වෙන්වීමේ වේදනාව සමනය කිරීම සඳහා ආදරණීය පෙම්වතා හෝ පෙම්වතිය අනෙක් පුද්ගලයාට පණිවිඩයක් යවයි. එහි අන්තර්ගතය සාමාන්‍යයෙන් එක් කවි පදයකින් දක්වා ඇත. Gonda පැහැදිලි කරන පරිදි මෙම වෙන්වීම සරාගී චේතනා

සම්පූර්ණ නොවීම නිසා හෝ මිනිසා දෙවියන්ගෙන් දුරස් වීම නිසා හෝ සිදු විය හැකි බව ය. නමුත් අවසානයේ එම සංකල්පය හුදකලා වූ කාන්තාව තම පෙම්වතා සමඟ නැවත එක්වීමට තිබූ ආශාව ලෙස අර්ථකථනය කළ හැකි ය. (Gonda, 1984 පිටුව 113).

කලාත්මක දෘෂ්ටි කෝණයෙන් වඩාත් ඵලදායී පසුබිමක් සපයන වැසි සමය නිසා මෝසම් වලාකුළක් පණිවිඩකරුවෙකු ලෙස තෝරා ගැනීම පැරණි කවියන්ගේ පුරුද්දක් විය. පෙම්වතා නැවත පැමිණීමට අපොහොසත් වුවත් අවාසනාවන්ත ආදරය සහ වෙන්වීම 'බලාපොරොත්තුවක්' බවට පත් කර ගැනීමට මෙම පසුබිම ඉතා සුදුසු විය. එබැවින් කවියන් වඩාත් ගැලපෙන පණිවිඩකරුවා ලෙස මෝසම් වලාකුළක් තෝරා ගැනීම ඉතා ස්වාභාවික ය. මෝසම් වැසි වලාකුළක් මුල් දූත කාව්‍යවල ප්‍රියතම දූත චරිතය වූ අතර එනිසා කාලිදාස සහ අනෙකුත් අය හුදෙක් ඔවුන්ගේ පූර්වගාමීන් අනුගමනය කිරීමක් කළ බව අපට අනුමාන කළ හැකි ය. (Gonda, 1984 පිටුව 125).

ලෞකික සහ අධ්‍යාත්මික (හෝ සදාචාරාත්මක) දූත කාව්‍ය යන දෙඅංශයේ ම විවිධ සතුන්, සහ ස්වාභාවික සංසිද්ධි ආදිය පණිවිඩකරුවන් ලෙස යොදා තිබෙන බව සඳහන් කළ හැකි ය. සන්දේශ කවීහු පවන සහ මේඝ වැනි වස්තූන් හෝ අභ්‍යන්තර ගුණාංග වන මනස වැනි ගති ලක්ෂණ හෝ උතුම් ගුණාංග සහිත උසස් වංශයකට හෝ තරාතිරමකට අයත් කුරුල්ලන් වැනි පණිවිඩකරුවන් දූතයන් ලෙස තෝරා ගත්හ. කෙසේ වෙතත්, විචාරකයින් පවසන්නේ වස්තූන්ට සහ පක්ෂීන්ට පණිවිඩ කියා දීමට හෝ පැහැදිලි කිරීමට නොහැකි බැවින් ඒවා දූතයන් ලෙස භාවිත කිරීම ඵල රහිත සහ යුක්ති සහගත නොවන බව යි. (තිලකසිරි, 2013). කෙසේ වෙතත් කාව්‍ය කෘතියේ අර්ථය සාරවත් කිරීමට සහ සංවේදනය ගෙන ඒමට කථන රූප ඵලදායි ලෙස යොදා ගන්නේ නම්, දූතයා ජීවමාන හෝ අජීවමාන හෝ උසස් බුද්ධිමත් ජීවියකු වන්නේ ද නොවන්නේ ද යන්න වැදගත් නොවේ.

මේඝදූතයේ අනුවාද

මේඝදූතයේ ඇති මුළු කාව්‍ය සංඛ්‍යාව 110 සිට 130 දක්වා වෙනස් වේ. මේඝදූතයේ විශාල ජනප්‍රියතාවය නිසා අනුවාද ගණනාවකට හේතු වූ බව පෙනේ. Macdonell (1900, පි 335) අනුව එහි කාව්‍ය 115ක් ඇත. කාව්‍ය 117කින් යුත් ටිබෙට් පරිවර්තනයක්, කාව්‍ය 118කින් සිංහල අනුවාදයක් සහ කාව්‍ය 120කින් යුත් ජිනසේනගේ ප්‍රකාශනයක් තිබෙන බව නිරීක්ෂණය කර ඇත. (Gonda, 1984 පිටුව 116).

වෙනත් කවියන් විසින් අෂ්ටනාරි සන්දේශයේ ද විවිධ අනුවාද නිර්මාණය කරනු ලැබීමට යම් ප්‍රවණතාවක් ඇති වූයේ මෙවැනි ජනප්‍රිය සන්දේශ සම්ප්‍රදායේ පැවැති පසුබිමක් නිසා ය.

සන්දේශ සම්ප්‍රදායේ ව්‍යාප්තිය

සන්දේශ කාව්‍ය සම්ප්‍රදාය පසු කාලයක නම් දෙකකින් පරිණාමය විය. උතුරු ඉන්දියානු කවීන් ප්‍රධාන වශයෙන් දූත යන නාමය භාවිත කළ අතර, දකුණු ඉන්දීය කවීහු සන්දේශය යන නාමය භාවිත කළෝ ය. බොහෝ කවියන් විවිධ අරමුණු සඳහා එක ම දූතයා කීප වතාවන් භාවිත කර ඇති බව නිරීක්ෂණය කළ හැකි යි. උදාහරණයක් වශයෙන්, භාරතීය සාහිත්‍යයේ පවන දූත දෙකක්, හංස දූත තුනක්, චන්ද්‍ර දූත තුනක්, මේඝ දූත පහක්, මනෝ දූත තුනක්, කෝකිල සන්දේශ තුනක්, ශුක සන්දේශ තුනක් සහ හංස සන්දේශ තුනක් දක්නට ලැබේ. (තිලකසිරි, 2013). කෙසේ වෙතත් ඒවායේ කාල සීමාවන් පැහැදිලි නොමැත. මේඝදූතයට පසුව නිර්මාණය කළ පැරණිතම සංස්කෘත දූතය වූයේ පවන දූතය යි.

දකුණු ඉන්දියාවේ කේරළයේ සහ තමිල්නාඩුවේ ලියා ඇති සන්දේශ කාව්‍ය ගණනාවක් තිබේ. දකුණු ඉන්දියාවේ පැරණිත ම සන්දේශ කාව්‍යයය සංස්කෘත භාෂාවෙන් ලියා ඇත්තේ කේරළයේ ලක්ෂ්මිදාස (ක්‍රි.ව. 1100) විසිනි. එනම් ශුක හෙවත් ගිරා සන්දේශය යි. හන්ස සන්දේශය 1268 දී කේරලයේ විසූ වේදන්ත ඩෑසික විසින් ලියන ලද්දේ මේඝදූත ආකෘතිය අනුගමනය කරමිනි. 15 වැනි සියවසේ දී උද්දණ්ඩ විසින් රචිත කෝකිල සන්දේශය තරුණයකු විසින් කන්‍යාවක් වෙත යැවෙන පණිවිඩයක් අනාවරණය කරයි. මීට අමතර ව, මයූර සන්දෙශය සහ භෘංග සන්දෙශය පිළිවෙළින් 16 වැනි සියවසේ දී උදය සහ වාසුදේව යන කවියන් විසින් රචනා කරන ලදි. (තිලකසිරි, 2013)

17 සහ 18 වැනි සියවස්වල දී ද්‍රවිඩ, කණ්ණඩ සහ මලයාලම් භාෂාවලින් රචනා කරන ලද සන්දෙශ ගණනාවක් තිබේ. ඔවුන්ගේ ප්‍රධාන අරමුණ වූයේ ආගමික භක්තිය උත්තේජනය කිරීම හෝ එම භක්තිය ප්‍රදර්ශනය කිරීම යි. මලයාලි භාෂාවේ පැරණිතම සහ නිර්මාණාත්මක සන්දේශය වූයේ උන්නුනිල සන්දේශම් ය. මෙය කාලිදාස ආකෘතිය අනුගමනය කර ත්‍රිවාන්ද්‍රම්හි තරුණයකු විසින් කොඩුංගලූරයේ සිටින ඔහුගේ පෙම්වතියට යවා ඇති පණිවිඩයකි. දූතයා වූයේ ආදිත්‍යවර්ම නම් කුමාරයෙකි. (තිලකසිරි, 2013).

උතුරු ඉන්දියාවේ සහ දකුණු ඉන්දියාවේ සන්දේශ කාව්‍යයේ ජනප්‍රියත්වය කාලිදාසගේ විශිෂ්ට කෘතියෙන් පසු ව ඇති වූ බව පැහැදිලි

වේ. මීළඟ පරිච්ඡේදය වෙන් කරන්නේ ශ්‍රී ලංකාව තුළ සන්දේශ කාව්‍යයේ ව්‍යාප්තිය පිළිබඳ කෙටි විස්තරයක් සැපයීමට යි.

4 වන පරිච්ඡේදය:

ශ්‍රී ලංකාවේ සන්දේශ කාව්‍ය සම්ප්‍රදාය සහ ව්‍යාප්තිය

ශ්‍රී ලංකාවේ සන්දේශ කාව්‍ය සඳහා දේශපාලන න්‍යාය පත්‍ර

සන්දේශ කාව්‍යය ලංකාවේ වෙනස් ම මාවතක විකාශනය වූ බවක් පෙනෙන්නට ඇත. සරාගී සංවේදනාත්මක හැඟීම් මතු කරන "විරහ වේදනා ප්‍රේමය" සිංහල සන්දේශ කාව්‍යයේ කේන්ද්‍රගත වූයේ නැත. ඒවායේ අභිප්‍රාය වූයේ ප්‍රියතම පාලකයන් ප්‍රවර්ධනය කිරීම හෝ සැමරීම හා ඒ හැරුණු විට කවියන්ගේ ආත්ම අභිලාෂයන් ඉටු කිරීමට අවධානය යොමු කර ගැනීමට ය. එයින් අදහස් වෙන්නේ ලංකාවේ සන්දේශ කාව්‍යය මුල සිට ම දේශපාලන න්‍යාය පත්‍ර වලින් සරුසාර වී ඇති බව යි.

ශ්‍රී ලංකාවෙන් හමුවූ පැරණිතම සන්දේශ කාව්‍යය පොළොන්නරු යුගයේ (1153-1186) පාලි භාෂාවෙන් ලියැවුණු මහානාගකුල හෙවත් මානවළු සන්දේශය යි. මෙය බුරුමයේ අරිමද්දනපුර නායක ස්වාමීන් වහන්සේ නමක් වූ සංඝරක්ඛිත වෙත යවන ලදි. දූතයා ඤාණ නම් වූ අයෙක් වන අතර, මහා පරාක්‍රමබාහු රජු විසින් ශ්‍රී ලංකාවේ සිදු කරන ලද ආගමික වෙනස්කම්වලට සමාන ආගමික වෙනස්කම් කිරීමට බුරුමයේ සිරිධම්ම රජු දිරිමත් කරන ලෙස එම නායක ස්වාමීන් වහන්සේට දැන්වීම එම සන්දේශයේ අරමුණ විය. මානාවුළු සන්දේශය යනු මහානාගකුල රඹා විහාරයේ නාගසේන නායක ස්වාමීන් වහන්සේට ඤාණ විසින් ගෙන එන ලද අශ්නයකට පිළිතුරකි. (තිලකසිරි, 2013, පිටුව 25).

මයුර සන්දේශය ක්‍රිස්තු වර්ෂ 1370 දී පමණ ලියැවුණු ශ්‍රී ලාංකාවේ ප්‍රථම සම්භාව්‍ය සන්දේශය ලෙස සැලකේ. එය පස් වන බුවනෙකබාහු රජුට විෂ්ණු දෙවියන්ගෙන් ආශිර්වාද පැතීම අරමුණු කර ගෙන රචනා කර ඇත. රජුගේ භාර්යාව වන ජයසිරි, දෙවන අණ දෙන හමුදා නායක අලගක්කෝනාර සහ අලගක්කෝනාරගේ සහෝදර දේවස්වාමි යන අයට ආශිර්වාදය ලබා දීම ද එහි අරමුණු අතර විය. නමුත් කවියාගේ සැඟවුණු අරමුණ වූයේ පස් වන බුවනෙකබාහු රජුට වඩා අලගක්කෝනාරගේ ශ්‍රේෂ්ඨත්වය සහ වීරත්වය ඉස්මතු කිරීම යි. (තිලකසිරි, 2005 පි 22).

තිසර සන්දේශය ක්‍රිස්තු වර්ෂ 1407 දී පමණ දෙවුන්දර විහාරාධිපති හිමියන් විසින් ලියන ලද්දකි. එහි අරමුණ වූයේ දැතිගම්පුර පරාක්‍රමබාහු රජුට සාමය හා සතුට ගෙන දීම සඳහා විෂ්ණු දෙවියන්ගේ ආශිර්වාදය පැතීම යි.

පරවි (ක්‍රි.ව. 1430-1445) සහ සැළලිහිණි (ක්‍රි.ව. 1450) යන සන්දේශ දෙක ම හය වන පරාක්‍රමබාහුගේ දරුකමට හදාගත් සපුමල් කුමරු අනුප්‍රාප්තිකයා වීම වැළැක්වීමේ සැඟවුණු න්‍යාය පත්‍රයක් ඇතිව රචනා කර ඇති බව පෙනේ. පරවි සන්දේශය ලියා ඇත්තේ හය වන පරාක්‍රමබාහු රජුගේ වැඩිමහල් දියණිය වන චන්ද්‍රාවතී කුමරියට සුදුසු ස්වාමිපුරුෂයෙකු සෙවීමට ය. මෙම සන්දේශය රජුගේ අනුප්‍රාප්තිකයා විය හැකි පුතකු මෙම යුවළට පිළිසිඳ ගැනීම සඳහා දිව්‍යමය මැදිහත් වීම ද අපේක්ෂා කළේ ය. සපුමල් කුමරු රජ වීම ගැන රජතුමා ද, මාලිගාව ද, එම රජුගේ උපදේශකයින් ද කැමැත්තක් නොදැක්වූ බව පෙනේ. (තිලකසිරි, 2005, පිටුව 38). කෙසේ වෙතත් චන්ද්‍රාවතී කුමරිය අනපේක්ෂිත ලෙස මිය ගියා ය. සැළලිහිණි සන්දෙශය ලියා ඇත්තේ (ක්‍රි.ව. 1450) හය වන පරාක්‍රමබාහු රජුගේ තවත් දියණියක වූ උලකුඩය කුමරියට පුතෙකු පිළිසිඳ ගැනීම සඳහා දිව්‍යමය මැදිහත් විමක් පැතීම සඳහා ය.

ගිරා සන්දෙශය (ක්‍රි.ව. 1415) සහ හංස (ක්‍රි.ව. 1415) ලියා ඇත්තේ හය වන පරාක්‍රමබාහු මහා රජුට සුබ පැතීමට ය. කෝකිල සන්දෙශය (ක්‍රි.ව. 1460-1467) යාපනය ප්‍රාදේශීය රාජධානිය ආක්‍රමණය කරන අවස්ථාවේ දී සපුමල් කුමරුගේ ආරක්ෂාව සැලසීමට ලියා ඇත. (තිලකසිරි, 2005; 2008) මේ සෑම සන්දේශයකට ම අරමුණු වී ඇති බව පෙනී යන්නේ දේශපාලන අභිප්‍රායන් ය.

මහනුවර යුගයේ දී සහ ඉන් පසු ව රචනා කළ සන්දේශ කාව්‍ය

මහනුවර යුගයේ දී සන්දේශ කාව්‍ය රාශියක් ලියා ඇත. ඒවා අතර කහකුරුළු, කැටකිරිලි හා නීලකොබෝ සන්දේශ අඩංගු වේ. (දනන්සූරිය,

2008). නීලකොබෝ සන්දේශය ලියනු ලැබ ඇත්තේ බරණ ගණිත ගුරු විසිනි. ඔහු ජීවත් වූයේ කිර්ති ශ්‍රී රාජසිංහ (1747-1780) සහ රාජාධිරාජසිංහ (1780-1798) පාලන සමයේ දී ය. මෙම කතුවරයාගේ අසනීපයක් සුව කිරීමට ස්කන්ධ කුමරුගේ ආශිර්වාදය ලබා ගැනීම එහි අරමුණ විය. තලරඹේ ධම්මරක්ඛිත හිමි විසින් රචිත දියසැවුල් සන්දේශය තවත් අල්පේශාඛ්‍ය සන්දේශයක් වන අතර එය ඔහුගේ පාදවල අසනීපයක් සුව කර ගැනීමට කතරගම දෙවියන්ගෙන් ආශීර්වාද ඉල්ලා සිටි සන්දේශයකි. මේ අනුව පෙනී යන්නේ පසු කලෙක සන්දේශයන්හි අරමුණු ස්වයං ප්‍රයෝජනය සඳහා ද යොමු වූ බව යි.

කිරළ සන්දේශය රචනා කරන ලද්දේ මල්වතු විහාරයේ කිතලාගම දේවමිත්ත නම් හිමි නමක විසිනි. ඇහැලේපොළට ඇම්බැක්කේ දේවාලයේ ස්කන්ධ කුමාර දෙවියන්ගෙන් ආශිර්වාද ලබා ගැනීම එහි අරමුණ විය. එකල මහනුවර සිට රජකම් කළ විදේශික ජන්මයක් ඇති ශ්‍රී වික්‍රම රාජසිංහ රජු කෙරෙහි දේවමිත්ත හිමියන් තුළ තිබුණේ සතුරු ආකල්පයක් බව මෙම සන්දේශයෙන් පෙන්නුම් කෙරේ.

19 වැනි සියවසේ සිට රචනා කරන ලද සන්දේශ කාව්‍ය සියයකට ආසන්න ප්‍රමාණයක් ඇත. ඒවායේ තේමාවන් වන්දනාව දිරිගැන්වීමේ සිට දූෂණය හා ප්‍රචණ්ඩත්වය හෙළා දැකීම, විනෝදය හා උපහාසය ප්‍රකාශ කිරීම දක්වා වෙනස් වේ. දනන්සූරිය (2008) සඳහන් කරන්නේ මහනුවර යුගයේ දී හා ඉන් පසු ව සාමාන්‍ය මිනිසුන් කවියන් බවට පත් වූ බව ය. කතුවරුන් සහ කවියන් අතර සාමාන්‍ය භික්ෂූහු, නයිදේවරු, ගණිතාචාර්යවරු, ආචාරී බවලත් යන අය සිටියෝ ය.

අෂ්ටනාරි සන්දේශය වයඹ පළාතේ සත් කෝරළයේ ලියැවී ඇත. දෙගම්මැද සුමනජෝති, පී.බී. සන්නස්ගල, ගොඩකුඹුර හා හේවාවසම් වැනි විද්වතුන් විශේෂයෙන් වයඹ පළාතේ නිර්මානය වූ සාහිත්‍ය කෘති කෙරෙහි අවධානය යොමු කර ඇත. මහනුවර යුගයේ සත් කෝරළයේ සාහිත්‍ය කටයුතු ව්‍යාප්ත වූයේ මෙම ප්‍රදේශ යුරෝපීය බලපෑමට හසු නොවූ බැවිනි. (දනන්සූරිය, 2008, පි 1211). මේ වන විට මෙම කාව්‍ය ශෛලියේ පොදු තේමාව වූයේ බෞද්ධ ආගමික පිබිදීම ප්‍රවර්ධනය කිරීම ය. මෙම සියලු සාහිත්‍ය කෘති සරල සහ අවංක නිර්මාණ වූ අතර, ඒවායේ විෂය කරුණු පුළුල් ප්‍රාසයක විහිදී ගියේ ය. (දනන්සූරිය, 2008, පි 1211).

ශ්‍රී ලංකාවේ සන්දේශ කාව්‍ය වර්ගීකරණය

ශ්‍රී ලංකාවේ සන්දේශ කාව්‍ය ඒවායේ සාහිත්‍යමය ගුණය මත ප්‍රධාන සන්දේශ කාව්‍ය සහ සුළු සන්දේශ කාව්‍ය ලෙස වර්ග දෙකකට බෙදා ඇත.

'මයුර', 'තිසර', 'පරෙවි', 'කෝකිල', 'සැළලිහිණි' 'ගිරා' 'හංස' සහ 'සැවුල්' යන ඒවා ප්‍රධාන සන්දේශ කාව්‍ය ගණයට වැටේ. පසුකාලීන ව ලියැවුණු 'කපුටු' 'නීලකොබෝ' 'කහකුරුළු' වැනි අනෙකුත් සන්දේශයන් සුළු සන්දේශ හො කනිෂ්ඨ කාව්‍ය ගණයට වර්ග කර ඇත. අෂ්ටනාරි සන්දේශය කනිෂ්ඨ සන්දේශ කාව්‍ය ගණයට ඇතුළත් කළ හැකි ය.

වන්දනා කවි

මහනුවර යුගයේ ලියැවුණු සමහර සන්දේශ කාව්‍ය වන්දනා කාව්‍ය ලෙස නම් කර ඇත.

කිර්ති ශ්‍රී රාජසිංහ රජතුමා විසින් විහාර හා දාගැබ් ප්‍රතිසංස්කරණය කිරීම ආරම්භ කිරීමෙන් පසු පොදු ජනයා ඓතිහාසික ආගමික ස්ථාන වන්දනා කිරීම සඳහා යාමේ අරුණාලෝකයක් උදා විය. අලුතින් ඉදිකරන ලද, ප්‍රතිසංස්කරණය කරන ලද හෝ පැරණි පූජනීය ස්ථාන නැරඹීමෙන් පසු වන්දනා පොත් සහ වන්දනා කාව්‍ය රචනා විය. වන්දනා ගමන් යනු ආගමික හේතූන් මත ශුද්ධ ස්ථානයකට බොහෝ විට යන දිගු ගමනකි. රට වැසියන් තම ගෞරවය පෙන්වීමට එවැනි ආගමික ස්ථාන නැරඹූ අතර ඒවා වැඳ පුදා ගැනීම විශේෂ කාර්යයක් ලෙස සලකනු ලැබී ය. එම වැඳ පුදා ගැනීමෙන් අනතුරු ව ඔවුන්ගේ මතකයන් කවියට නැගීමට ද පෙළඹුණි.

සන්නස්ගලට අනුව (1964, පි 584-586) එවැනි වන්දනා කාව්‍යයන් සඳහා උදාහරණ ලෙස සමනල හෑල්ල, බෝමඩ අලංකාරය, ජයමහා බෝධි වන්දනාව, සමනල විස්තරය, ශ්‍රීපාද වන්දනා ගමන යනාදිය පෙන්වා දී ඇත.

සන්නස්ගල (1964, පි 584 - 586) සඳහන් කරන්නේ අෂ්ටනාරි සන්දේශය සහ නාරිසත් සන්දේශය යන දෙක ම වන්දනා කාව්‍ය කාණ්ඩයට අයත් වන බව යි. හොරණ වජිරඤාන හිමි (1992, පිටුව 308 සිට 310 දක්වා) ද මෙම අදහසට එකඟ වේ. මැටිඔළුව ගම්මානයේ විසූ සිල්පාධිපති කවියා නාරිසත් සන්දේශය සහ තවත් වන්දනා කාව්‍ය කිහිපයක් රචනා කළ බව සන්නස්ගල කල්පනා කරයි.

නාරිසත් සන්දේශය

මෙම ප්‍රකාශනයේ සන්දර්භය තුළ නාරිසත් සන්දේශය පිළිබඳ කෙටි විස්තරයක් කිරීමට මෙහි දී මම කැමැත්තෙමි. එය අෂ්ටනාරි සන්දේශයට සමාන වන්නේ පණිවිඩය රැගෙන යන්නන් තරුණියන් වන බැවිනි. අෂ්ටනාරි සන්දේශය සහ නාරිසත් සන්දේශය යන දෙක ම නාථගනෙන්

ආරම්භ වන බැවින් ඒ දෙකෙහි ම අන්තර් සම්බන්ධයක් තිබිය හැකි ය. අවම වශයෙන් සන්දේශ දෙකෙහි ම මුල් හෝ යම් අනුවාද පිටපත් එක ම කවියාගේ හෝ මැටිඹළුවේ සිල්පාධිපති පරම්පරාවෙන් පැවත එන කවියන්ගේ කෘතින් විය හැකි ය.

නාරිසත් සන්දේශය පිළිබඳ විද්වතුන් ගණනාවක් අදහස් පළ කර ඇත. මෙම සන්දේශය සත් කෝරළයේ නාථගනෙන් ආරම්භ වී සතර කෝරළයේ දඹුලු විහාරයට යන බව ඔවුන් සියලු දෙනා ම අනුමත කරති. (සන්නස්ගල 1964, පි 585, ගොඩකුඹුර, 1990 පි 229, සහ 1953, පිටුව X, 1990, වජිරඤාණ 1992 පිටුව 310, සුමනජෝති 1966, පිටුව 28). ඔවුන් සියලු දෙනා ම මෙම කාව්‍යයේ ඇති කාව්‍ය සංඛ්‍යාව පිළිබඳ එකඟ නොවේ.

1909 දී එච්.බී. අන්දිරිස් හාමි විසින් ප්‍රකාශයට පත් කරන ලද නාරිසත් සන්දේශයේ පිටපත මම නිරීක්ෂණය කළෙමි. එය මැටිඹළුවේ සිල්පාධිපති නම් කවියකු විසින් රචනා කරන ලද්දක් බව සන්දේශයේ පැහැදිලිව ම සඳහන් වේ. එබැවින් මෙම අත්පිටපතෙහි කර්තෘත්වය අවිවාදිත ය.

මෙම සන්දේශයේ ව්‍යුහය සහ ඉදිරිපත් කිරීම සම්භාව්‍ය සන්දේශ සම්ප්‍රදායට වඩා වෙනස් ය. එය ආරම්භ වන්නේ "මාර්ග අශ්න" නැමැති කොටසකින් වන අතර එය වෘතසණ්ධ ශෛල්‍ය ලෙස හැඳින්වෙන කාව්‍යමය ගද්‍ය ශෛල්‍යයකි. (වජිරඥාන, 1992, පි 210) අන්දිරිස් හාමි (1909, පි 5) මෙම කොටස සන්දේශයේ "වාසගම" ලෙස හඳුන්වාදෙන අතර එම කොටසින් පසු ව පද්‍ය කොටස ඉදිරිපත් කෙරේ. ගද්‍ය සහ පද්‍ය කොටස් දෙක ම නාථගනෙන් ආරම්භ වී දඹුල්ල විහාරයෙන් නිමා වෙයි. මෙම කොටස් දෙක ම (ගද්‍ය සහ පද්‍ය) පසු කාලයක දී එකට එකතු කර එක ම මාතෘකාවක් ලබා දී භාවිත කර ඇත් දැ යි යන්න පැහැදිලි නැත.

මෙම කොටස් දෙකේ ම (ගද්‍ය සහ පද්‍ය) සත් කෝරළයේ උතුරු ප්‍රදේශය හරහා දඹුල්ලට යන ගමන් මාර්ගයක් විස්තර කර ඇති බව මම නිරීක්ෂණය කළෙමි. ගද්‍ය කොටසෙහි සඳහන් ස්ථාන පද්‍ය කොටසට වඩා බොහෝ සෙයින් වෙනස් වේ. පද්‍ය කොටසෙහි වැඩිපුර ස්ථාන ලැයිස්තුගත කර ඇත. නාථගනේ සිට දඹුල්ලට යා හැකි කෙටි ම මාර්ගය විය යුත්තේ ඉබ්බාගමුව, මැල්සිරිපුර හරහා අවසානයේ දඹුල්ල පිහිටි සතර කෝරළයට (මධ්‍යම පළාත) ඇතුළු වීම යි. නමුත් මෙම සන්දේශය දිගු මාර්ගයක් ඔස්සේ රැගෙන යාමට තෝරා ගෙන ඇත.

පද්‍ය සන්දේශය ගමන් කරන්නේ බමුණාකොටුව, වාරියපොළ, නෙල්ලිය, දළදාගම (මහව), උඩුවේරිය, රන්දෙණිගම, දෙමටගොල්ල,

නෙත්තිපොලගොම, ගල්ගිරියාව, මඩගල්ල, දඹේ, කහල්ල හරහා උතුරු සත් කෝරළයේ විශාල ප්‍රදේශයක් අනාවරණය කරමිනි. දඹුල්ලට ළඟා වීමට කවියා කැමති වන්නේ තරමක් දිගු මාර්ගයක් ඔස්සේ ය. කෙසේ වෙතත් නුවරකලාවියට ඇතුළු වී දඹුල්ල පිහිටි සතර කෝරළයට යන පණිවිඩකරුවන්ගේ අවසාන අදියරේ ගමන් මාර්ගය පැහැදිලි නැත. පණිවිඩකරුවන් සියඹලන්ගමුව හරහා නුවරකලාවියට ඇතුළු වූවා ද නැතහොත් දඹේ සහ හේරත්ගම හරහා පල්ලෙකැලේ වනජීවී අභයභූමිය හරහා කහල්ලට ළඟා වූවා ද යන්න පැහැදිලි නැත. නුවරකලාවිය ප්‍රවේශය පිළිබඳ ව ඇති එක ම පැහැදිලි සඳහන වන්නේ කහල්ලට ළඟාවීම ය. කහල්ලේ සිට දූතයන් දුරින් පිහිටි රිටිගල කන්ද දර්ශනය කල බව පද්‍ය වලින් එළිදරවු කෙරේ.

දඹුල්ලට ආසන්නයේ පිහිටි මාර්ග සලකුණු ගැන මෙම සන්දේශයේ සඳහන් නොවේ. එයට හේතුව විය හැක්කේ ගමනේ අවසාන පාදයේ භූ විෂමතාව පිළිබඳ කවියාගේ අඩු දැනුමක් තිබීම නිසා විය හැකි ය. කෙසේ වෙතත් දඹුලු විහාරය (රත්නගිරිදඹ පර්වතය) සහ එහි පූජනීය සිද්ධස්ථානවල (දේවාල වැනි) අලංකාරය සහ ශුද්ධභාවය වර්ණනා කිරීමට බොහෝ පද්‍යයයන් වෙන් කර ඇත.

දඹුල්ල ලෙන් විහාරස්ථානය සන්දේශයක ගමනාන්තයක් ලෙස තෝරා ගැනීම පුදුමයක් නොවේ. එය ශ්‍රී ලංකාවේ කිසි දා වාසයෙන් අත් නොහරින ලද හොඳ ම සංරක්ෂණය වූ පෞරාණික පූජනීය සථානයක් ලෙස පවතී. අනුරාධපුරයේ වළගම්බා රජු (ක්‍රි.පූ. 103 - 77) එය ගොඩනගන ලද බව සැලකේ.

කවියා තම ජීවිතය සැමරූ සත් කෝරළයට තම පක්ෂපාතීත්වය ප්‍රකාශ කිරීම සඳහා ගමන් මාර්ගයක් තෝරා ගත්තා විය හැකි ය. එසේම සත් කෝරළයේ ප්‍රධාන ස්ථාන වැඩි ප්‍රමාණයක් ඔසවා වර්ණනා කිරීමට අදහස් කළා විය හැකි ය.

මෙම සන්දේශය ත්‍රිවිධ රත්නයට නමස්කාර කරමින් ගමන ආරම්භ කරයි. එය අනෙකුත් සන්දේශයන්ට වඩා වෙනස් චාරිත්‍රයකි. ඊළඟට කාන්තාවන් හත් දෙනා ගමනට සූදානම් වූ ආකාරය අලංකාර පද්‍යය සමූහයකින් (2 සිට 36 දක්වා) ඉදිරිපත් කරයි. යුවතියන් හත් දෙනා ගමන ආරම්භ කරන්නේ පත්තිනි දේවියගෙන් ආරක්ෂාව අයැදීමෙන් පසුව ය (37 පද්‍යය). පද්‍යය 38 සිට 105 දක්වා දඹුලු පර්වත විහාරයට යන ගමන් මාර්ගයේ ස්ථාන වර්ණනා කිරීමට වෙන් කර ඇත. පද්‍ය ආකෘතිය සකස්

කර ඇත්තේ මාර්ගය දිගේ ඇති ගම්මාන වල නම් හඬ නැංවෙන ආකාරය සමඟ රිද්මයානුකූල වන ආකාරයට ය.

දඹුල්ලට යන මාර්ගයේ ඇති සියලු ම විහාරස්ථානවලට පූජා පිරිනමා ඇත. පද්‍යය 106 සිට 135 දක්වා වෙන් කර ඇත්තේ දඹුල්ල සහ ඒ අවට ඇති සිද්ධස්ථාන විස්තර කිරීම සඳහා සහ යුවතියන්ට ඉතා ගෞරවයෙන් හා භක්තියෙන් ඒවා වන්දනාමාන කරන ලෙස ඉල්ලා සිටීමට ය.

පද්‍යය 146 සිට 148 දක්වා විස්තර කරන්නේ වන්දනා ගමන පිළිබඳ යුවතියන්ගේ ආවර්ජනයත් මෙම ගමන ඇසුරෙන් කාව්‍යයක් රචනා කිරීමට කවියාට කරන ලද ආරාධනයත් ය.

මෙම වන්දනාව සඳහා වෙසක් (මැයි) මාසයේ දින හතක් ගත වූ බව සඳහන් වේ (9 පද්‍යය). දෙමසකට පසු එනම් ඇසළ (ජූලි) මාසයේ (151 පද්‍යය) මෙම කාව්‍යය රචනා විය. පද්‍යය 150 සඳහන් කරන්නේ මෙම කාව්‍යය මැටිඹළුවේ සිල්පාධිපති ගණිතාචාර්ය විසින් රචනා කරන ලද්දක් වන බව ය. පද්‍යය 151 අනුව මෙම සන්දේශයේ පද්‍යය 152 ක් අඩංගු වේ.

අවසාන පද්‍යය හතරෙන් කවියාගේ කර්තව්‍යය පිළිබඳ ස්වයන් ආවර්ජනයක් සහ ඔහු මෙම කාර්යය නිම කිරීමෙන් පසු අපේක්ෂා කරන කුසල් සහ ප්‍රතිලාභ හෙළිදරවු කරයි. පද්‍යය 145 සිට 148 දක්වා මෙම කවියා ස්වයං වර්ණනයක යෙදෙන්නේ තමන් කීර්තිමත් කවියකු බවත්, ගණිතාචාර්යයකු බවත් ය. එසේ ම ඔහු මැටිඹළුවේ පදිංචිකරුවකු බවත් හා ඔහුට දෙවිවරුන්ගෙන් ආරක්ෂාව ප්‍රාර්ථනා කරන බවත් එහි සඳහන් කරයි. 152, එනම් අවසන් පද්‍යයෙන් සඳහන් කරන්නේ මේ කාව්‍ය නිර්මාණයෙන් තමන් රැස් කරන ලද කුසල් වලින් බුදු බව ලැබීමට ප්‍රාර්ථනා කරන බව යි.

දැනටමත් හඳුනාගෙන ඇති පරිදි මෙම සන්දේශයේ අන්දිරිස් හාමි (1909) ප්‍රකාශනයේ පද්‍ය 152ක් ඇත. ගොඩකුඹුර (1953) එම සංඛ්‍යාව ගැන අන්දිරිස් හාමි සමඟ එකඟ වේ. සන්නස්ගල (1964) පවසන්නේ නාරිසත් සන්දේශයට පද්‍යය 150ක් ඇති බවත් ය. වජිරඥාන (1992) පිළිගන්නේ පද්‍යය 150කට වඩා ඇති බවය. මෙම සියලු තොරතුරු වලින් සනාථ කරන්නේ මෙම සන්දේශය වෙනත් කවියන් විසින් යාවත්කාලීන කර ඇති බවත් හෝ අවම වශයෙන් එහි ස්වරූප එකකට වඩා ඇති බවත් ය.

වජිරඥාන හිමි (1992, පිටු 208-210) සිතන්නේ මෙම සන්දේශයේ මාර්ග අස්න කොටස කවියාගේ භෂා නිපුණතාව සහ නිර්මාණශීලීත්වය පෙන්නුම් කරන බව ය. එසේ ම කවියාගේ ගද්‍ය ලිවීමේ විලාසය ශ්‍රව්‍ය

ගෝචර වන බව ය. එසේම සිංහල ගද්‍යයන් කාව්‍යමය විලාශයෙන් භාවිත කිරීමට හැකියාවක් ප්‍රදර්ශනය කරන බව යි. අවසාන වශයෙන් වජිරඥාන හිමි සිතන්නේ මෙම සන්දේශය කාව්‍යය රසයෙන් පිරී නොමැති නමුත් පද්‍යය නිර්මාණයේ නව මුහුණුවරක් හැඩගැන්වූ නව සන්දේශ සම්ප්‍රදායක් ලෙස සැලකිය හැකි බව යි (වජිරඥාන 1992, 308 සිට 310 දක්වා).

මීළඟ පරිච්ඡේදයේ අෂ්ටනාරි සන්දේශය සඳහා තරුණියන් දූතයන් ලෙස තෝරා ගැනීමට හේතු වූ කරුනු සහ ඔවුන්ගේ සංඛාව අට දෙනෙකුට ම පමණක් සීමා කිරීමට හේතු වූ කරුණු විශ්ලේෂණය කෙරේ.

5 වන පරිච්ඡේදය:

අෂ්ටනාරි සන්දේශය සඳහා යුවතියන් අට දෙනෙකු තෝරා ගැනීමට හේතු

කාලිදාස විසින් ජනප්‍රිය කරන ලද සන්දේශ කාව්‍ය සම්ප්‍රදාය තුළ මිනිසුන් සහ විශේෂයෙන් ස්ත්‍රීන් දූතයින් වශයෙන් තෝරා ගැනීම සාමාන්‍ය සිරිතක් නොවේ. දැනට ලැබී ඇති තොරතුරු අනුව නාරිසත් සහ අෂ්ටනාරි සන්දේශ ශ්‍රී ලංකාවේ කාන්තාවන් දූතයන් වශයෙන් තෝරා ගත් ප්‍රථම මෙන්ම අවසාන සන්දේශ කාව්‍ය දෙක විය හැක. කාන්තාවන් තේරීම සැබවින් ම සැලසුම් කර කළ දෙයක් ද එසේ නොමැති නම් අහම්බයෙන් සිදුවූවක් ද යන්න සොයා බැලීම වැදගත් කරුණකි. මෙම පරිච්ඡේදයේ ප්‍රධාන අරමුණ වන්නේ තරුණ කාන්තාවන් තෝරා ගැනීමට සහ ඔවුන් අට දෙනෙක් පමණක් ම තෝරා ගැනීමට හේතු විය හැකි කරුණු විමර්ශනය කිරීමට යි.

සරාගී හැඟීම් උත්තේජනය

තරුණ යුවතියන් අට දෙනෙකු තෝරා ගැනීම ශෘංගාර රසය කාව්‍යයට උපයෝගී කර ගැනීමේ අපේක්ෂාවෙන් සිදුවූවක් ද?

සම්භාව්‍ය ඉන්දියානු සාහිත්‍යයේ තනි පද ප්‍රේම කාව්‍යයන්හි ස්ත්‍රිය දූතියක් හැටියට තෝරා ගැනීමෙන් සරාගී හැඟීම් හෝ ශෘංගාර රසය මතු කිරීමට වැදගත් කාර්යභාරයක් ඉටු කළ බව පෙනේ (Gonda, 1984, පි 114). ශෘංගාර යනු ඉන්දියානු කාව්‍ය රස නවයක[13] පළමු වැන්න යි.

[13] භරත මුනි (ක්‍රිස්තු වර්ෂ 200 පමණ) විසින් රචිත නාට්‍ය න්‍යාය සහ අනෙකුත් ප්‍රාසාංගික කලාවන් පිළිබඳ පුරාණ සංස්කෘත ග්‍රන්ථයක් වන නාට්‍ය ශාස්ත්‍රයෙහි රස අටක් ප්‍රකාශ කරන ලදි. ඒවාට ඇතුළත් වන්නේ 1. ශෘංගාර (ආදරය, ආලය,

ශෘංගාර රසය යනු සරාගී ආදරය හෝ ආදරය හෝ ආකර්ෂණය හෝ අලංකාරය ලෙස අර්ථකථනය කර ඇත (Manamohan, 2002; Pollock, 2016, Wikipedia). රස යන මූලික සංකල්පය සියලු ම සම්භාව්‍ය ඉන්දියානු කලාවන් පිටුපස ඇති සාහිත්‍ය අංගයකි. මෙය සංගීතය, නැටුම්, කාව්‍ය, නෘත්‍ය සහ මූර්ති වැනි සියලු කලාවන්ට අදාල වේ.

රස සංකල්පයට කිසිදු සැකයකින් තොරව විශ්වීය සහ මානවවාදී ආකර්ෂණයක් ඇත. කෙසේ වෙතත්, රස සංකල්පයට ඉන්දියානු සාහිත්‍ය සම්ප්‍රදාය තුළ අනෙකුත් කාව්‍ය ගුණාංගවලට වඩා අනවශ්‍ය පරිදි ඉහළ ම ස්ථානයක් ලබා දී ඇති බවට විවේචන පවතී. අඩු සැලකිකිල්ලක් ලබා දී ඇති සාහිත්‍ය අංග ලෙස සැලකෙන්නේ අලංකාර, රූප කථන, ගුණ[14] (Guṇa), රීති[15] (Rīti) වෘරිති[16] (Vṛtti) සහ ප්‍රවෘරිති (Pravṛitti) යනාදිය යි.

ඉන්දියානු සාහිත්‍ය රසවින්දනය සහ ඇගයීම සඳහා ප්‍රධාන වශයෙන් පදනම් වී ඇත්තේ රස සංකල්පය කොයි තරම් දුරට ප්‍රයෝජනයට ගත්තා ද යන ඇගයීම මත යි. රස නිරූපණයේ පරිපූර්ණත්වයට පත් වූ කවීන් භාරතීය සාහිත්‍යයේ උසස් මට්ටමේ අය ලෙස සැලකේ (Chaturvedi, 1996, 2022) නිදසුනක් වශයෙන්, රස උත්පාදනය කිරීමේ ප්‍රවීණත්වය ලබා ඇති වාල්මිකී සහ කාලිදාස ප්‍රවීණ සාහිත්‍යධරයන් බවට පත් වී ඇත.

ඉන්දියානු සාහිත්‍යයේ තනි පද සන්දේශ කාව්‍යවල ශෘංගාර රසය බහුල ව දක්නට ලැබෙන බව පිළිගැනේ. තනි පද කාව්‍ය සම්ප්‍රදායේ ප්‍රධාන භූමිකා නිරූපණය කරනු ලබන්නේ ආදරණීය කථා නායිකාව, පෙම්වතා, කාන්තා දූතිය සහ පෙම්වතාගේ පෙම්වතිය වැන්නන් විසිනි

ආකර්ෂණය), 2. හාස්‍යම් (හාස්‍යය), 3. රෞද්‍රම් (කෝපය), 4. කරුණාම් (දයානුකම්පාව, දයාව), 5. බිභත්සම් (පිළිකුල), 6. භයනාකම් (ත්‍රාසය, භීෂණය), 7. වීරම් (වීරත්වය), 8. අද්භූතම් (පුදුම, විස්මය) (Manamohan 2002) නව වන රසය ශාන්තම් (සාමය හෝ සන්සුන්කම) පසුකාලීන කතුවරුන් විසින් එකතු කරන ලදි. (Pollock, 2016).

14 ගුණ දසයක් කාව්‍යයේ ඇත. 1. (ඕජස්) ශක්තිය, 2. (ප්‍රසාද) පැහැදිලි බව, 3. (ශ්ලේශ) ස්ථිර ව්‍යුහය, 4. (සමතා) ශබ්දයේ සමානාත්මතාව, 5. (සමාධි) රූපක ප්‍රකාශනය, 6. (මාධූරය) මිහිරි බව, 7. (සෞකුමාරිය) මෘදු බව, 8. (උදාරතා) උන්නතිය, 9. (අර්ථව්‍යක්ති) කල්පවතින බව සහ 10. (කාන්ති) අලංකාරය. (මූලාශ්‍රයඃ www.wisdomlib.org/definition')

15 රීති - එය රසයේ විශිෂ්ටත්වය ඉහළ නැංවීමට උපකාරී වේ. එය වචන සංයෝජනයෙන් විශේෂ සැකැස්මකින් සමන්විත වන අතර ගුණ අංග තවදුරටත් උද්දීපනය කරයි. (මූලාශ්‍රයඃ www.wisdomlib.org/definition')

16 'ශ්‍රව්‍ය-ප්‍රයෝග' මත පදනම් වු මෙම ප්‍රකාශන ක්‍රම පන්ති තුනකට බෙදා ඇතඃ අලංකාර (උප-නාගරික) සාමාන්‍ය (ග්‍රාමීය), සහ රළු (පරශු). (මූලාශ්‍රයඃ www.sreenivasaraos.com/tag/Kāvya-alamkara-sutra-vritti)

(Gonda, 1994 පි 65). කෙසේ වෙතත්, මෙයින් වඩාත් වැදගත් වන්නේ නායිකාව යි, ඇය කාන්තා චරිත කිහිපයකින් පෙනී සිටිය හැකි ය. ඇය වෙනත් පුරුෂයෙකුගේ භාර්යාව විය හැකි ය. ආගන්තුක පෙම්වතියක් විය හැකි ය. ගණිකාවක් විය හැකි ය. සරාගී ස්ත්‍රියක් විය හැකි ය. අලුත අනෙකකු සමග විවාහ වූ මනමාලියක් විය හැකි ය. මීට පෙර රාගය අත්විඳ ඇති ස්ත්‍රියක් විය හැකි ය. එසේ ම ඇය පෙම්වතාගේ ම බිරිඳ ද විය හැකි ය (Gonda, 1994 පි 65). කෙසේ වෙතත් ශෘංගාරාත්මක හැඟීම් දැනවීම මේ කවියේ මූලික හරය වූයේ ය.

සත්තසායි (Sattasai) නැමැති ප්‍රාකෘත භාෂාවේ පැරණි ඉන්දියානු කාව්‍ය එකතුවෙහි ප්‍රේමයේ ආකාර දෙකක් විස්තර කර ඇත. එනම් සම්බෝග - එනම් සතුටෙන් අවසාන වන ආදරය සහ විප්‍රලම්බ - එනම් සෝකයෙන් අවසාන වන ආදරය යනුවෙනි (Gonda, 1984, පි 65). එම නිසා සරාගී හැඟීම් ද්විත්ව ක්‍රමයකට සතුට මෙන් ම ශෝකය යන චිත්තවේගීය හැඟීම් ඇති කිරීම දක්වා විහිද යා හැකි ය.

බෞද්ධ දර්ශනය තුළ ශෘංගාර රසය අධෛර්යමත් කර ඇත. බෞද්ධ ඉගැන්වීම් පෙන්නුම් කරන්නේ ඉන්ද්‍රිය සැප පොදුවේ ද, ලිංගික සතුට සුවිශේෂයෙන් ද, ප්‍රඥාව පුරුදු කිරීමට සහ විමුක්තිය හෝ බුද්ධත්වයට සාක්ෂාත් කර ගැනීමට බාධාවක් ඇති කරවන බව යි. බෞද්ධ දර්ශනය අනුව ප්‍රේමයේ පරමාදර්ශය වන්නේ සියලු සත්ත්වයන් කෙරෙහි දක්වන ප්‍රේමනීය කරුණාව හෝ මෛත්‍රිය යි.

තරුණ යුවතියන් අට දෙනෙකු තෝරා ගැනීම ශෘංගාර රසය ජනනය කර ගැනීමේ අපේක්ෂාවෙන් සිදු වූවක් ද යන්න පැහැදිලි නැත.

නාරිලතා සංකල්පය

බෞද්ධ පුරාවෘත්තයක හිමාලයේ ඇති "නාරිලතා" නම් මිත්‍යා ශාකයක් ගැන සඳහන් වේ. එම වැලෙහි විශිෂ්ට සුන්දරත්වය වන්නේ රාගයෙන් මූර්තිමත් වෙන කාන්තාවකට සමාන මලක් පිපීම යි. භාවනාවේ යෙදී සිටින තාපසයන්ගේ පවා අවධානය වෙනතකට යොමු කිරීමේ බලයක් මෙම පුෂ්පයට ඇතැයි පැවසේ. තායිලන්තයෙන් මෙම මිත්‍යා පුෂ්පය හඳුන්වනු ලබන්නේ නාරීපෝල් වශයෙනි. ශ්‍රී ලංකාවේ මෙම මිත්‍යා පුෂ්පය හඳුන්වනු ලබන්නේ ලියතඹරා වශයෙනි.

වසර ගණනාවක් වනගත ව ගැඹුරු භාවනා ප්‍රගුණ කරමින් සිටි තාපසයෙක් මෙම පුෂ්පයක් දැක තම අධ්‍යාත්මික ජයග්‍රහණ අත හැර ලෞකික ජීවිතයක් ගත කිරීම සඳහා ක්ෂණික ව පෙළඹුණු බව එක්

බෞද්ධ කථාවක සඳහන් වේ. ආනන්ද කුමාරස්වාමි විසින් මෙම කථාව කථාවස්තු ප්‍රකරණයේ දක්නට ලැබෙන බව හඳුන්වා දෙමින් ඔහුගේ මධ්‍යකාලීන සිංහල කලා යන ග්‍රන්ථයේ (පිටුව 91) ප්‍රතිනිෂ්පාදනය කර ඇත. එම සඳහනට අනුව කසී රට විසූ ධ්‍යාන බලය ලබා සිටි බ්‍රාහ්මණ තාපසයකු නාරිලතා මල දැකීමෙන් අනතුරු ව ඔහුගේ දිගු කාලයක් ප්‍රවර්ධනය කළ සිල්වත්කම නැසී ගිය බැවින් ලෞකික ආශාවට ක්ෂණයෙන් නැඹුරු වූයේ ය.

මහනුවර යුගයේ බෞද්ධ විහාරස්ථානවල ඇති චිත්‍ර සහ ලී කැටයම්වල සහ ශ්‍රී ලංකාවේ සම්භාව්‍ය චිත්‍ර සහ සැරසිලිවල "නාරිලතා" නම් සංකීර්ණ කලා රටාවක් නිරූපණය කර ඇත. නාරිලතා රටාව ඒවායේ ප්‍රියතම මෝස්තරයක් විය. කුමාරස්වාමි (1979) විසින් මධ්‍යකාලීන සිංහල කලා නම් ග්‍රන්ථයේ ප්‍රතිනිෂ්පාදනය කරන ලද, රිදී විහාරයේ දක්නට ලැබෙන නාරිලතා රටාව වඩාත් සිත් ඇදගන්නා නිරූපණවලින් එකකි.

නාරිලතා යනු ශෘංගාරාත්මක සහ කලාත්මක සංකල්පයකි.

නාථගනේ සුන්දර කාන්තාවන්

නාථගනේ තරුණියන් දූතයන් ලෙස තෝරා ගැනීමේ විශේෂත්වය කුමක්ද? ඓතිහාසික විත්ති පොත් සටහන් කරන පරිදි නාථගනේ යනු එවකට පැවැති ලෞකික සතුට භුක්ති විඳින උද්වේගකර සහ නවීන පන්නයේ නගරයක් වන්නේ ය. නාථගනේ පුරුෂයන් හා ස්ත්‍රීන් භුක්ති විඳි ලෞකික හා කාමුක සැප ගැන මෙම පුස්කොළ පොත්වල ඉඟි සපයයි (ඔබේසේකර, 2005, පි 69, බණ්ඩාරනායක, 2021, පි 53 - 63).

සීතාවක සහ කෝට්ටේ යුගවල මුණ්ඩකොණ්ඩපොළ නමැති ප්‍රාදේශීය රාජධානියේ මාලිගය පිහිටි ප්‍රධාන නගරය වූයේ නාථගනේ ය (බණ්ඩාරනායක, 2021, පි 53 - 63). අන්දිරිස් හාමි (1909, පි 5) විසින් නාථගනේ සාඩම්බර ඉතිහාසය හඳුන්වා දෙනු ලබන්නේ එය සම්ප්‍රදායික නායක තනතුරු දැරූ කීර්තිමත් ප්‍රභූවරුන් සහ මුදලි වරුන්ගෙන් පිරී තිබූ නගරයක් බව පවසමිනි. ශ්‍රී ලක් කඩ අයුරු නමැති පුස්කොළ පොතේ සටහන් කරන්නේ මෙම නගරයේ විසූ මිනිසුන් "මහා මාණි" වශයෙනි (ඔබේසේකර, 2005, පිටුව 68). එයින් අදහස් කරන්නේ ඔවුන් තමන් ගැන උමතු ආඩම්බරකමක් හා අහංකාරකමක් තිබූ බව යි.

ශ්‍රී ලක් කඩ අයුරු නැමැති පුස්කොළ පොතේ සඳහන් වන්නේ නාථගනේ උපන් කාන්තාවන් "රාගයෙන්" පිරුනු එනම් කාම සැපයෙහි කිමිදෙමින් ජීවත් වූ අය බව යි (ඔබේසේකර, 2005, පිටුව 68). මෙම

විස්තරයෙන් ඇඟවෙන්නේ මෙම නගරය සජීවී හා උද්යෝගිමත් වූ නගරයක් වූ නමුත් එහි ස්වභාවය හෝ චරිතය සාම්ප්‍රදායික නොවන බව යි.

මෙම ප්‍රාදේශීය රාජධානි සමය යුද්ධවලින් ගහන විය. බොහෝ තරුණයන්ගේ ජීවිත අහිමි විය. එසේ ම මෙම සමයේ බොහෝ දකුණු ඉන්දීය සංක්‍රමණිකයෝ (විශේෂයෙන් පිරිමින්) නව ජීවිතයක් අපේක්ෂා කරමින් මෙම නගරයට සේන්දු වූහ. බොහෝ අය කුලී හේවායෝ වූහ. ඔවුන්ගේ ආකර්ෂණය සඳහා දේශිය කාන්තාවන් මේ නගරයට ඒකරාශි වන්නට ද ඉඩ ඇත. මෙම කාන්තාවන්ගේ චරිතය සාම්ප්‍රදායික නොවන්නට ද ඉඩ ඇත.

අෂ්ටනාරි සන්දේශයේ කවියා තම ප්‍රදේශයේ වෙසෙන කාන්තාවන්ගේ විදග්ධ භාවය (sophistication), නව ජීවිත විලාසිතාව සහ රූපලාවන්‍යය අගය කරන්නකු විය යුතු ය. එබැවින් මෙම නාථගනේ සිට විවිධ ස්ථානවලට යැවීම සඳහා කාන්තාවන් එක් සන්දේශයකට වඩා වැඩි ගණනාවකට තෝරා ගැනීමට කවියන් පෙළඹීම අහඹු සිදුවීමක් නොවිය හැකි ය.

කෙසේ වෙතත්, නාථගනේ සිටි ආකර්ශණීය පවුල් නියෝජනය කරමින් සන්දේශය රැගෙන යාම සඳහා තරුණියන් අට දෙනෙකු තෝරා ගන්නට ඉඩ ඇත. එම තෝරා ගැනීම ප්‍රධාන වශයෙන් ශෘංගාර රස මතු කිරීම අරමුණ මත ම තීරණය වූයේ ද යන්න විවාදයකට භාජනය විය යුතු කරුණකි. කෙසේ වෙතත් මෙම තෝරා ගැනීම නිසා පෙරහැර සංදර්ශනවල දී ඔවුන්ගේ සුන්දරභාවය ප්‍රදර්ශනය කිරීමටත්, මහජන අවධානය යොමු කිරීමටත්, කවිවල රසාත්මක ගුණය වර්ධනය කිරීමටත් හා ස්වභාවික සුන්දරත්වය වර්ණනා විචිත්‍රවත් කිරීමටත් කවියාට උපකාර වන්නට ඇත.

හින්දු ආගමික විශ්වාසයන්

සන්දේශ කාව්‍යයන් බොහෝ විට ම පාහේ දෙවි දේවතාවුන් සමඟ සම්ප වේ, ඔවුන්ගේ උපකාරය හෝ ආශිර්වාදය ප්‍රාර්ථනය කෙරේ. කෝට්ටේ රාජධානි සමයේ දීත් ඉන් පසුවත් ඔවුන්ගේ බලය සහ තේජස නිසා ජනප්‍රියත්වයට පත් වූ දකුණු ඉන්දීය දේවතාවියන් දෙදෙනෙකු ගැන සඳහන් කිරීමට මම කැමැත්තෙමි. එනම් පත්තිනි සහ ලක්ෂ්මී යන දේවතාවියන් ය.

පත්තිනි දේවතාවිය මුර දේවතාවියක් වන අතර ඇය මිනිසුන්ගේ රෝග හා විපත්ති වල දී ආරක්ෂාව සපයන්නී ය, ස්වභාව ධර්මය සමඟ හිතකර ලෙස කටයුතු කරන්නී ය, වැසි ගෙන ඒම සහ සශ්‍රීකත්වය සහ වෘක්ෂලතා වර්ධනය ප්‍රවර්ධනය කරන්නී ය. පත්තිනි දේවතාවිය නියෝජනය කරන්නේ මාතෘත්වය, පාරිශුද්ධත්වය, ස්ත්‍රීත්වය, සුවය සහ භක්තිය වන අතර ඇය ඒවා මූර්තිමත් කරන්නේ දිව්‍යමය බල ස්වරූපයෙන් ය. මෙම දෙවඟන ඉන්දියාවේ විසූ කන්නකි කාන්තාවගේ උත්කර්ෂවත් අවතාරයකි. ඇය නිර්මලකම සඳහා ප්‍රසිද්ධියට පත් වූවා ය (ඔබේසේකර, 1984, ඇඹුල්දෙණිය, 2018). පත්තිනි දේවතාවිය ශ්‍රී ලංකාවේ බුද්ධාගමේ ආරක්ෂක දේවතාවියක් සහ සිංහල ජනප්‍රවාදයේ පිළිගත් පරිදි ශ්‍රී ලංකාවේ ආරක්ෂක දේවතාවියක් ලෙස ද සැලකේ (Encyclopedia.com, Obeyesekere,1984, Embuldeniya, 2018).

පත්තිනි ශ්‍රී ලංකාවට පැමිණීම පිළිබඳ අවම වශයෙන් මත දෙකක් තිබේ. එක් මතයක් නම් ඇය අනුරාධපුර රාජධානි සමයේ පළමු වන ගජබාහු රජුගේ පාලන සමයේ දී ශ්‍රී ලංකාවට පැමිණි බව යි (ඔබේසේකර, 1984). අනෙක් මතයට අනුව ඇය පැමිණියේ කෝට්ටේ රාජධානි සමයේ දී ය. තවද, මායාදුන්නේ රජු, සීතාවක රාජසිංහ රජු සහ 1 විමලධර්මසූරිය රජු විසින් පත්තිනි දේවියගේ වන්දනාව ශ්‍රී ලංකාවේ ස්ථාපිත කිරීමට රාජකීය අනුග්‍රහය ලබා දී ඇත (Embuldeniya 2018). මධ්‍යතන යුගයේ සිට ශ්‍රී ලංකාවේ බෞද්ධයන් අතරත් නැගෙනහිර වෙරළේ හින්දු භක්තිකයන් අතරත් පත්තිනි වඩාත් ජනප්‍රිය ම දෙවඟන බවට පත් වූ බව ඔබේසේකර (1984) පවසයි.

මධ්‍යතන යුගයේ දී සිංහල බෞද්ධයන් අතර හින්දු විශ්වාසයන් පිළිබඳ යළි පිබිදීමක් ඇති වූයේ දකුණු ඉන්දියාවෙන්, විශේෂයෙන් කේරළයෙන් (මලල දේශයෙන්) සහ තමිල්නාඩුවේ මදුරාපුරයෙන් වයඹ පළාතේ ප්‍රදේශ වෙත සංක්‍රමණිකයන් ගලා ඒම නිසා බව සඳහන් කළ යුතු ය (බණ්ඩාරනායක, 2021). මෙම සංක්‍රමණිකයන් විශාල පිරිසක් මුණ්ඩකොණ්ඩපොළ රාජධානියට ලඟා විය. මෙම රාජධානියේ මාලිගාව පිහිටි නාථගනේ නගරය දකුණු ඉන්දීය සංක්‍රමණිකයන්ගේ ආකර්ශනීය මධ්‍යස්ථානයක් විය. මෙම කාලය තුළ හින්දු සහ බෞද්ධ යන දෙපිරිස ම පත්තිනි දේවතාවියගේ ලබ්ධියක් (cult) පිහිටුවා ගත්හ. මෙම සන්දෙශයේ කතුවරයා සහ ඔහුගේ වංශය හින්දු ආගමික චාරිත්‍ර වාරිත්‍ර සහ බෙර වාදනය පිළිබඳ විශේෂඥතාවයක් උසුලන දකුණු ඉන්දීය සංක්‍රමණික

කණ්ඩායමකට සම්බන්ධ විය හැකි අතර කතුවරයා ද පත්තිනි දේවතාවියට ගරු කරන පුද්ගලයෙක් විය හැකි ය.

මීට පෙර සඳහන් කල පරිදි අෂ්ටානාරී සන්දේශයේ එක් පිටපතක අන්තර්ගතය දිද්දෙනියේ කතරගම දේවාලය වෙත ළඟා වේ. එම දේවාලය කැප කර ඇත්තේ කතරගම දෙවියන් හෙවත් කන්ද කුමරු යන ඉතාමත් ප්‍රකට දෙවියෙකුට ය. එම අෂ්ටානාරී සන්දේශ අනුවාදයේ කතුවරයා මෙම දෙවියන්ගේ ආශීර්වාදයක් අපේක්ෂා කරයි. දිද්දෙණිය ගම්මානය පිළිබඳ සුවිශේෂ තොරතුරක් වූයේ එහි මුල් පදිංචිකරුවන්ගෙන් බහුතරයක් දෙමළ හින්දු ජාතිකයන් විම ය. පසුව ඔවුහු සිංහල බෞද්ධ ප්‍රජාවට සමෝධානය වි ඇති බව මට මගේ මුල් නිරීක්ෂණවල දී හෙළි විය.[17]

මෙම ප්‍රකාශනයේ කේන්ද්‍රය වන අෂ්ටනාරි සන්දේශය ආශිර්වාද පතා බෞද්ධ විහාරස්ථානයක් වන ගැටුලාගත් විහාරයට ළඟා වේ. ගැටුලගත් විහාරයේ ඉතිහාසය ක්‍රිස්තු පූර්ව 2වැනි සියවස දක්වා දිව යයි. එය සද්ධාතිස්ස රජුගේ කාලයේ (ක්‍රි.පූ. 137-119) ස්වභාවික ලෙන් යොදාගෙන ඉදිකරන ලද්දක් බව පැවසේ. කවියා ගමනාන්තය ලෙස එය තෝරා ගැනීමට තීරණය කරන්නට ඇත්තේ එය උලගල්ල මන්දිරයට නුදුරින් පිහිටි සැලකිය යුතු ආගමික මධ්‍යස්ථානය නිසා විය හැකි ය.

දර්ශනාත්මක වශයෙන් බෞද්ධ සිද්ධස්ථානයකින් මෙවැනි සන්දේශ අරමුණක් සඳහා ලෞකික ආශිර්වාදයක් ලබා ගත නොහැකි ය. නාථගනේ ගම්මානය ඇසුරෙහි හා ගැටුලාගත් විහාරය ඇසුරෙහි ප්‍රසිද්ධ දේවාස්ථාන දෙක බැගින් ඇති බව මම ගවේෂණය කෙළෙමි. ඒ අවට ඇති විෂ්ණු සිද්ධස්ථානයට වඩා නාථගනේ පත්තිනි දේවාලය ජනප්‍රිය බව මම සොයා ගතිමි. නාරීසත් සන්දේශය පවා ගමන ආරම්භ කරන්නේ නාථගනේ පත්තිනි දේවාලය වැඳ පුදා ගෙන ය. ගැටුලාගත් විහාරයේ පිළිම ගෙය තුල විෂ්ණු දේවාලයක් ඇත. මේ හැර රාමීය නමින් බලවත් සහ ජනප්‍රිය තව දේවාලයක් ඇත. රාමීය දේවාලය ගැටුලාගත් විහාරයට පැමිණෙන බැතිමතුන් අතර ජනප්‍රිය බව ද මට සොයා ගැනීමට හැකි විය. මෙය

[17] දිද්දෙනිය විහාරස්ථානයේ විහාරාධිපති හිමියන්ගෙන් ලබාගත් සම්මුඛ පරීක්ෂණ දත්තවලට අනුව, දිද්දෙනියේ පදිංචිකරුවන් බොහෝ දෙනෙක් මුලින් මෙම සිද්ධස්ථානයේ ශිව දෙවියන් වන්දනාමාන කළ දෙමළ හින්දු භක්තිකයෝ වූහ. පසු ව භාරකාරත්වය කතරගම දෙවියන්ට පැවරිණි. දිද්දෙණියේ සිටි දෙමළ හින්දු ජනතාව පසුව සිංහල ජනතාවට මුසු වී සිංහල බෞද්ධයන් බවට පත් වූහ. ඔවුන්ගේ වර්තමාන වාසගම් අතර කුමාරසිංහ මුදියන්සේ හා කුරුකුලසූරිය මුදියන්සේ ද ඇතුළත් ය.

බහුදේව මධ්‍යස්ථානයකි. කෙසේ වෙතත් මෙම සන්දේශය ගැටුලාගන් විහාරය සමීපයේ එක් දේවාලයකට පුද කරන්නට ඇත.

ලක්ෂ්මි දේවිය (අෂ්ට ලක්ෂ්මි) පිළිබඳ කල්පිතය

ලක්ෂ්මි දේවතාවිය ශ්‍රී ලංකාවේ වන්දනාමාන කරන තවත් හින්දු දෙවඟනකි. මෙම දේවතාවිය ලෞකික සමෘද්ධිය මෙන් ම ජීවිතය සහ මරණය සම්බන්ධ විෂම චක්‍රයෙන් මිදීම උදෙසා ද ආශිර්වාද කරන දේවතාවියකි.

ලක්ෂ්මි දේවිය අවතාර අටකින් නියෝජනය වන්නී ය, එබැවින් ඇයට අෂ්ට ලක්ෂ්මි යන නම ලැබී ඇත. මෙම අෂ්ටානාරී සන්දේශය තුළ අෂ්ට ලක්ෂ්මි සංකල්පය නිරූපණය වේ ද? එය ගැන විමර්ශනයක් කිරීම උචිත ය.

පහත දැක්වෙන්නේ අෂ්ට ලක්ෂ්මි[18] අවතාර වේ.

- **ආදි ලක්ෂ්මි** - ආදි ලක්ෂ්මි යනු මහා ලක්ෂ්මිගේ පළමු වන අවතාරය වන අතර ඇය සුබසාධනය සහ ප්‍රීතිය වෙනුවෙන් පෙනී සිටින්නී ය.
- **සන්තාන ලක්ෂ්මි** - දරුවන් දායාද කිරීම ඇයගේ කාර්යය වේ.
- **ගජ ලක්ෂ්මි** - ඉන්ද්‍ර දෙවියන්ට සාගරයෙන් අහිමි වූ ධනය ගජ ලක්ෂ්මි විසින් නැවත ගෙන එන ලද බව පුරාවෘත්තවල සඳහන් වේ. එයින් ගම්‍ය වන්නේ ගජ ලක්ෂ්මි අහිමි වූ සමෘද්ධිය සහ ධනය නැවත ලබා දෙන බව යි.
- **ධන ලක්ෂ්මි** - ඇය බහුල වසයෙන් ධනය සපයන්නී ය.
- **ධාන්‍ය ලක්ෂ්මි** - ආදි ලක්ෂ්මි ජීවිතයේ අවතාරය ලෙස සලකන අතර ධාන්‍ය ලක්ෂ්මිට නමස්කාර කරනු ලබන්නේ ඇය ජීවිතය පවත්වා ගෙන යන ආහාර නියෝජනය කරන බැවිනි.
- **විජය ලක්ෂ්මි** - ඇය සටනේ දී පමණක් නොව ලොව සියලු බාධක ජය ගැනීම සහතික කිරීම සඳහා වැජඹෙන ජයග්‍රහණයේ දේවතාවියකි.
- **ධෛය ලක්ෂ්මි** (හෝ වීර ලක්ෂ්මි) - ඇයට නමස්කාර කරන අයට ඇය ධෛර්යය හා ශක්තිය ලබා දෙයි. එවිට ඔවුන්ට ජීවිතයේ සියලු දුෂ්කරතා සහ පීඩනය ජය ගැනීමට හැකි වේ.

---

[18] https://www.hinduamerican.org/blog/ashta-lakshmi-the-eight-forms-of-lakshmi

- **ඓශ්වර්යා ලක්ෂ්මි** - ඇය පුළුල් ලෙස ධනය සංකේතවත් කරන නමුත් එයින් අදහස් කරන්නේ යහපත් සෞඛ්‍යය, දැනුම, ඉගෙනීම, ශක්තිය යන ධනය ලබා දීම යි. ඇය සමස්ත අෂ්ට ලක්ෂ්මි බලයම ඒකරාශි කරයි.

අෂ්ටනාරි සන්දේශයේ අරමුණු අතර අහිමි වූ ඉඩම් සහ රටතොට නැවත ලබා ගැනීමට උපකාර පැතීම සහ උලගල්ල දිසාවට සුබ පැතීම ද විය. මෙම අරමුණට සමගාමී ව ලක්ෂ්මි දෙවඟනට නැති වූ ධනය නැවත ලබාදීමේ බල ශක්තියක් තිබේ. අෂ්ට ලක්ෂ්මිගේ අවතාර අට මෙම සන්දේශයේ අරමුණට මනා ලෙස ගැලපේ. කවියාගේ හින්දු සංස්කෘතික පසුබිම සහ ආවේණිය නිසා ඔහු නිරායාසයෙන් ම අෂ්ට ලක්ෂ්මි පාදක කරගෙන යුවතියන් අට දෙනෙකු තෝරා ගැනීමට පෙළඹෙන්නට ඇතැයි ද සිතිය හැකි ය.

වෙනත් හේතු

සාම්ප්‍රදායික ශ්‍රී ලාංකික සංස්කෘතිය තුළ කාන්තාවට හිමි වන ස්ථානය හඳුනා ගැනීමට ලංකා ඉතිහාසයේ බොහෝ දුර අතීතයට ගමන් කළ යුතු ය. මෙම කාන්තාවට හිමි වන ස්ථානය ගෞරවණීය එකක් මිස සරාගී දෘෂ්ටි කෝණයකට හසු වන්නක් නොවේ.

කාන්තාවට හිමි වන මෙම සුවිශේෂ ස්ථානය හඳුනා ගැනීමට ශ්‍රී ලාංකේය ලිඛිත ඉතිහාසය උදාවන යුගය නොහොත් විජය කුමරුගේ භාර්යාව වූ කුවේණියගේ යුගය දක්වා ගමන් කළ යුතු ය. කුවේණියගේ මරණයෙන් පසු ශ්‍රී ලාංකිකයෝ ඇය දේවත්වයෙන් සලකා වන්දනා මාන කිරීම ආරම්භ කළහ. පත්තිනි වැනි තවත් දේවතාවියන් සහ කාන්තා දේවතාවියන් ද බොහෝ බිසෝ බණ්ඩාරවරු [19] ද මෙම ගණයට වැටේ.

සාම්ප්‍රදායික ශ්‍රී ලාංකීය සංස්කෘතිය තුළ තරුණියන් පිරිසුදු හා ගෞරවනීය ලෙස සලකනු ලැබේ. නිදසුනක් වශයෙන් කන්‍යාවන් නැකැත් චාරිත්‍ර වාරිත්‍රවල දී ප්‍රමුඛත්වය ලබා දී සම්බන්ධකර ගත්තේ පාරිශුද්ධ හේතූන් නිසා ය.

ශ්‍රී ලාංකිකයන් බහුතරයක් අදහන ආගම වන බුද්ධාගමේ මව්වරුන්ට (මෙන් ම පියවරුන්ට ද) ගරු කිරීමට හා වන්දනා කිරීමට කැප වූ ගාථා

---

[19] අවලෝකිතේශ්වරගේ භාර්යාව ලෙස වන්දනාමාන කරන තාරා දේවිය, බිසෝ බණ්ඩාර ලෙස ද හැඳින්වේ, ඇගේ රූපය, බෝධිසත්වයන් සමඟ එක ම දේවාලයක තැන්පත් කර ඇත. මෙම මූර්තිය මහනුවර යුගයට අයත් බව පෙනේ. http://www.dlir.org/archive/orc-exhibit/items/show/collection/10/id/12513

ඇත. මව්වරුන්ගේ දානය (හෝ කිරි අම්මා දානය හෝ කිරි දෙන මව්වරුන්ට දෙන දානය) වැනි දිගුකාලීන සංස්කෘතික අංග ශ්‍රී ලාංකාවේ පැවතේ. මෙම දානයෙන් අදහස් වන්නේ මවක් භික්ෂූන් වහන්සේ නමකට සමාන ලෙස සලකා පුද කටයුතු කිරීමකි.

පොළොන්නරුව රාජධානියේ නිශ්ශංකමල්ල රජුගේ පාලන සමයේ දී රන් ආභරණ මල්ලක් රැගෙන තරුණියන්ට කිසිදු හිරිහැරයකින් හෝ කරදරයකින් තොර ව රට පුරා තනිව ම ඇවිදීමට හැකි වූ බව ජනප්‍රවාදවල සඳහන් වේ. ශ්‍රී ලාංකීය සාම්ප්‍රදායික සංස්කෘතිය තුළ කාන්තාවන්ට ගෞරවයක්, ආරක්ෂාවක් සහ ඔවුන්ගේ ආරක්ෂාව තහවුරු කිරීමේ ක්‍රියාදාමයක් තිබූ බව මෙයින් පැහැදිලි වේ.

තව ද, ඉතිහාසය පුරා ශ්‍රී ලංකාවේ රජකම් කළ රැජිනන් බොහෝ ය. ලොව ප්‍රථම අගමැතිනිය බිහිකර ඇත්තේ ද මේ රට යි. කාන්තාවන්ට ගරු කිරීම සහ ඔවුන් ඉහළ ගෞරවයෙන් පිළිගැනීම ලංකා ඉතිහාසයෙන් හෙළි වන සාමාන්‍ය තොරතුරු ය.

එබැවින් ශ්‍රී ලාංකීය සන්දේශ කාව්‍යයක අගනා පණිවිඩයක් රැගෙන යාමට තරුණියන් තෝරා ගැනීම අනපේක්ෂිත කාර්යයක් නොවිය හැකි ය.

තරුණියන් අට දෙනෙකු ම තෝරා ගැණීමේ වැදගත්කමක් තිබේ ද?

මෙම ප්‍රකාශනයේ මෙම අදියරේ දී "අෂ්ටනාරී" හෝ යුවතියන් අට දෙනකු තෝරා ගැනීමට හේතු සහ මෙම සංඛ්‍යාවේ කිසියම් සම්ප්‍රදායික වැදගත්කමක් තිබේ ද යන්න ගවේෂණය කිරීම තාර්කික ය. පෙර කොටසේ ගවේෂණය කළ පරිදි, සන්දේශයේ අරමුණ සඳහා තරුණියන් අටක් තෝරා ගැනීමට තුඩු දෙන අෂ්ට ලක්ෂ්මී සංකල්පය සමඟ සම්බන්ධයක් පැවතිය හැකි ය. කෙසේ වෙතත්, මෙම කිසිම මතයක් සත්‍යාපනය කිරීම අපහසු ය.

මෙම අවස්ථාවෙහි දී, විවිධ සිතුවම් සහ මූර්තිවල "නාරි" නිරූපණය කර ඇති කලාත්මක ආකෘති කිහිපයක් වෙත පාඨක අවධානය යොමු කිරීමට මා කැමැත්තෙමි. මෙම කලාත්මක ආකෘතිවල නාරීන් සංඛ්‍යාව හතරේ සිට නවය දක්වා පරාසයක තිබේ. ආනන්ද කුමාරස්වාමි ඔහුගේ " මධ්‍යකාලීන සිංහල කලා" කෘතියේ (1979, පිටු 89 සිට 92) රිදී විහාරය (කුරුණෑගල ප්‍රදේශයේ දොඩංගස්ලන්ද අසල) වැනි ආගමික ස්ථානවල දක්නට ලැබෙන විවිධ නාරි ආශ්‍රිත කලා කෘති සහ රූප ගැන සඳහන් කරයි. උදාහරණ වසයෙන් චතුර්නාරි දෝලාව (කාන්තාවන් හතර

දෙනෙකු කර තබාගෙන යන දේව රූප නිවස), පංචනාරි ඝටය (නාරි රූප පහක් සහිත බඳුන), ෂඩ්නාරි තොරණ (ආගමික ස්ථානයක කාන්තා රූප හය දෙනෙකුගෙන් සරසා ඇති දොරටුව), සප්තනාරි තුරඟා (කාන්තා රූප හතක් සහිත අශ්වයා), අෂ්ටනාරි රථය (කාන්තා රූප අටක් සහිත වාහනය), අෂ්ටනාරී ඝටය (කාන්තා රූප අටක් සහිත බඳුන), සහ නවනාරි කුංජරය (අලියකුගේ හැඩයට සැදුණු කන්‍යා රූප නවය) පෙන්වා දිය හැකි ය.

මෙම අෂ්ටානාරි සන්දේශය තුළ කාන්තාවන් අට දෙනෙකු යොදා ගැනීමට හේතුව පැහැදිලි ව තහවුරු කිරීමට අපට නොහැකි ය. කලා කෘති සඳහා භාවිත කරන නාරි කණ්ඩායම් සංඛ්‍යාව හතරේ සිට නවය අතර පරාසයක පවතී. කාන්තාවන් අට දෙනෙකු තෝරා ගැනීමට විශේෂ සංස්කෘතික ආයාචනයක් තිබෙන්නට මෙන් ම නොතිබෙන්නට ද ඉඩ ඇත. නමුත් ඒ සඳහා සංස්කෘතික ආයාචනයක් තිබුණා ය යි සිතීම ගෝචරය.

ගමනාන්තය

අෂ්ටනාරි සන්දේශය සම්බන්ධයෙන් අපිට අනුමාන කළ හැක්කේ එය නාථගනේ පත්තිනි පුදබිමෙන් ආරම්භ කර ගැටුලාගත් බෞද්ධ විහාරස්ථානයේ ඇති තවත් දේවාස්ථානයකින් අවසන් වන්නට ඇති බව යි.

මීළඟ පරිච්ඡේදයෙන් සන්දෙශයේ ගමන් මාර්ගය පිළිබඳ විශ්ලේෂණයක් ඉදිරිපත් කරේ. මෙම ගමන් මාර්ගය සහ ගමන් සංයුතිය තෝරා ගැනීමට කිසියම් සුවිශේෂිත ඓතිහාසික, දේශපාලනික සහ සමාජ විද්‍යාත්මක හේතු ඇත් දැ යි මෙම පරිච්ඡේදයේ සොයා බැලේ.

6 වන පරිච්ඡේදය:

අෂ්ටනාරි සන්දේශය - ගමන් මාර්ගය සහ ගමන් සංදර්ශනය නිර්මාණය

අෂ්ටනාරි සන්දේශයේ දූතයන් නාථගනේ ගම්මානයෙන් පිටත් වී කවියා විසින් තෝරාගත් නිශ්චිත මංපෙතක ගැටුලාගත් විහාරය දක්වා ගමන් කරයි. නමුත් ඉලක්ක කරගත් ගමනාන්තය වෙත ළඟාවීමට තෝරා ගත් එම මාර්ගය කෙටි ම මාර්ගය නොවන බව අපට පෙනේ. ඉතාමත් පැහැදිලි ව පෙනී යන්නේ මෙම කතුවරයා සුවිශේෂ සමාජීය, ආගමික සහ දේශපාලන හේතූන් මත විශේෂිත ගම්මාන හෝ වැදගත් බිම් සලකුණු අනාවරණය කරමින් යම් මාර්ගයක් ඔස්සේ ගමන් කරන බව යි.

මීට ඉහත සඳහන් කර ඇති පරිදි විද්වතුන් විසින් අෂ්ටානාරී සන්දේශයේ ස්වරූප තුනක් ඇති බව සොයාගෙන ඇති අතර ඒවායේ ගමනාන්ත වෙනස් ස්ථාන තුනක් වන්නේ ය. සන්නස්ගල (1964 පිටුව 585) නිරීක්ෂණය කරන පරිදි එක් පිටපත් ස්වරූපයක් නාථගනෙන් ආරම්භ වී මීගහකුඹුර හරහා ගමන් කර කුරුණෑගල දිස්ත්‍රික්කයේ ම පිහිටි උයන්වත්තේ හඳපාංගම දේවාලයෙන් අවසන් වේ. එම මාර්ගය ගූගල් (Google) සිතියමේ පරීක්ෂා කරන විට ඉතාමත් කෙටි ගමනාන්තයක් බව පෙනී ගියේ ය.

මම මීට පෙර සටහන් කර ඇති පරිදි 1909 දී දාම්පි අප්පුහාමි විසින් ප්‍රකාශයට පත් කරන ලද පිටපතේ සඳහන් වන්නේ ගමන නාථගනෙන් ආරම්භ වී කුරුණෑගල දිස්ත්‍රික්කයේ ම දිද්දෙනියේ පිහිටි කතරගම දේවාලයට ළඟා වන බව ය. මෙම සංචාරක මාවතේ විස්තර කෙරෙන

ස්ථාන 22කට අයත් නම් මෙසේ ය. නාථගනේ, මීගස්කුඹුර, උයන්වත්ත, වල්පොල, කඩවත්කැලේ, කොල්ලාගල, බටුපිටිය, රන්දෙණිවෙල, යද්දස්සාකන්ද, දොළකන්ද, දුනුපතංගේ, වැල්ලාගල, මුදන්නාපොල, මාගුරු ඔය, අලුපොතගම, දෙමටවැව, බලලූවාගාර, තිස්සව, යොන්ගම, සේරුගොල්ල, දැදුරු ඔය, දිවුල්වැව, සහ දිද්දෙණිය දේවාලය ය. කාන්තාවන් අටදෙනාගේ රාජකාරිය වූයේ සන්දේශය දිද්දෙනියේ කතරගම දේවාලයට භාරදීම ය.

මෙම ගමන් මාර්ගයේ දිවුල්වැව දක්වා ඇති කෙටි දුරක ගම්මාන රාශියක් ගැන සඳහන් කර ඇති බව භූගෝලීය නිරීක්ෂණවලින් පෙනේ. නමුත් දිවුල්වැව සිට දිද්දෙණිය තෙක් කිලෝමීටර් 20කට ආසන්න දුරකට ගම්මාන රාශියක් ඇතත් ඒවා විස්තර කර නොමැත. දිවුල්වැවේ සිට දිද්දෙණිය දක්වා ගම් විස්තර කරන කාව්‍ය කිහිපයක් අතුරුදහන් වුණා ද යන්න සැක සහිත ය. එසේ නොමැති නම් කවියාට ඒ දුර ප්‍රමාණයේ හමුවන ගම් විස්තර කිරීමට දේශපාලන වශයෙන් උනන්දුවක් නැති වන්නට ඇත.

මෙම ප්‍රකාශනයට පාදක වන අෂ්ටනාරි සන්දේශයේ ගමන් මාර්ගය නාථගනෙන් ආරම්භ වී අනුරාධපුර දිස්ත්‍රික්කයේ ගැටුලාගත් විහාරස්ථානයෙන් අවසන් වේ. මෙම සන්දේශය ද දිවුල්වැව දක්වා එක ම ගම් හා එක ම වැදගත් ස්ථාන ආනාවරණය කරමින් එක ම මාවතේ ම ගමන් ගනී. එම විස්තර සඳහන් කාව්‍ය සියල්ල ද පොදු ය. එයට අමතර ව දිවුල්වැවේ සිට ගැටුලාගත් විහාරය දක්වා තවත් අමතර ගම් 57ක් විස්තර කර ඇත. පොහොරවත්ත අනුවාදයේ (PV) එයට අමතර ව අලුතින් ගම් පහක් හා A1 අනුවාදයේ තව එක ගම්මානයක් ගැන තොරතුරු එකතු කර තිබේ. මේ අනුව ස්ථාන 85ක පමන විස්තර මෙම සන්දේශයට ඇතුලත් වේ.

ඒ අනුව අෂ්ටනාරි සන්දේශයට අයත් ගමන් මාර්ගයේ ස්ථාන හා ගම්වල සම්පූර්ණ ලැයිස්තුව සහ ඒ හා සම්බන්ධ පද්‍ය අංක මෙසේ ය. නාථගනේ (පද්‍යය 16), මීගස්කුඹුර (පද්‍යය 19), උයන්වත්ත (පද්‍යය 20), වල්පොල (පද්‍යය 21), කඩවත කැලේ (පද්‍යය 22), කොල්ලෑගල (පද්‍යය 23 -25), බටුපිටිගම (පද්‍යය 26), රන්දෙණිවෙල (පද්‍යය 27), යද්දස්සකන්ද (පද්‍යය 29), දොළකන්ද (පද්‍යය 31), දුනුපතාන්ගේ (පද්‍යය 33), වැල්ලාගල (පද්‍යය 34), මුදන්නාපොළ (පද්‍යය 38), වල්ලාගල (පද්‍යය 40), මාගුරු ඔය (පද්‍යය 43), අළුපොතාගම (පද්‍යය 44), විල්ගම් දෙමට වැව (පද්‍යය 48), බලලුවාගාර (පද්‍යය 49), තිස්ස වෙල (පද්‍යය 50), යොංගම (පද්‍යය 51),

සේරුගොල්ල (පද්‍යය 52), නුවර කන්ද (පද්‍යය 54), දැදුරු ඔය (පද්‍යය 54 - 56), නින්දගම (පද්‍යය 59), දිවුල්වැව (පද්‍යය 61), කිඹුල්වාන ඔය (පද්‍යය 65), හඳපාංගම (පද්‍යය 66), කිරළා ගෙදර (පද්‍යය 67), පලුගස්සැව (පද්‍යය 68), මොරගස්වැව (පද්‍යය 69), මැටියක්ගම 70), නාගොල්ල (පද්‍යය 71), කරඹෙ පිදිවිල්ල (පද්‍යය 72), දහනගම (පද්‍යය 73), නියදවනේ පන්සල (පද්‍යය 74), පොතුවැල් පිටිය (පද්‍යය 75), තල්පත්ගිරි කන්ද (පද්‍යය 76), පාම්හන් කන්ද (පද්‍යය 77), යාපහු ගම් ගිරිය (පද්‍යය 78), කට්ටඹු ගම් ගිරය (පද්‍යය 79), මූණමොල (පද්‍යය 80), අඹගස්වැව (පද්‍යය 81), මී ඔය (පද්‍යය 81), නාපා ඇල්ල (පද්‍යය 82), උරාපොළ (පද්‍යය 83), රඹාවැව (පද්‍යය 84), දෙමටගම්පිටිය (පද්‍යය 85), ගල්ගිරියා කන්ද (පද්‍යය 86), ගල්ගිරියා වැව (පද්‍යය 87), බොරවැව (පද්‍යය 88), තලාඳ පිටිය (පද්‍යය 89), සියඹලන්ගමුව (පද්‍යය 90), හබර වත්ත (පද්‍යය 91), කඳුළුගමුව (පද්‍යය 92), කල්ලන්චිය (පද්‍යය 93), නැගම (පද්‍යය 94), නියංගම (පද්‍යය 96), වලස්වැව (පද්‍යය 97), අවුකන විහාරය (පද්‍යය 98), කලාඔය (පද්‍යය 99), පුලියන් කුලම (පද්‍යය 100), මයිලන් පෙරුමාව (පද්‍යය 101), මුඩපෙරුමා ගම (පද්‍යය 102), ඉහළගම (පද්‍යය 103), කාගම (පද්‍යය 103), රත්නගල (පද්‍යය 104), හල්මිල්ල වැව (පද්‍යය 104), ඇටවිරවැව (පද්‍යය 106), නොච්චිකුලම (පද්‍යය 107), තෝරුවැව (පද්‍යය 108), කඳුරුවාගම (පද්‍යය 109), මාමිණියාව (පද්‍යය 110), අඹතලේ වෙල (පද්‍යය 111), රිටිගල කන්ද (පද්‍යය 112), අඹතලේ (පද්‍යය 113), කනන්පේඩියාගම (පද්‍යය 114), තෝරන්කුලම (පද්‍යය 115), කට්ටමුරිච්චාන (පද්‍යය 116), සොඳවිල (පද්‍යය 117), උලගල්ල වැව (පද්‍යය 118), උලගල්ල (පද්‍යය 119), මාර කුලම (පද්‍යය 123), උට්ටි මඩුව (පද්‍යය 124), ඔරුක්කුමාන් කුලම (පද්‍යය 125), සහ ගැටුලාගන් විහාරේ (පද්‍යය 126 -129).

භූගෝලීය වැදගත්කම අනුව සමනොළ කන්ද, දොළුකන්ද, යද්දස්සාකන්ද, ගල්ගිරියා කන්ද, මාගුරුඔය, දැදුරුඔය, මී ඔය, කලා ඔය, රිටිගල කන්ද මාර්ගයේ ඇති සැලකිය යුතු ස්ථාන වේ. මීට අමතර ව මිනිසා විසින් සාදන ලද ජලාශ හා කුඹුරු රාශියක නම් සඳහන් කර තිබේ. යාපහුව යනු පර්වතයක පිහිටි පැරණි අගනගරයක් වේ. නියදවනේ විහාරය, අවුකන විහාරය සහ ගැටුලාගන් විහාරය මාර්ගය ඔස්සේ පිහිටි සුප්‍රසිද්ධ බෞද්ධ සිද්ධස්ථාන වේ.

දකුණු ඉන්දීය සම්භවයක් සහිත ගම්මාන හඳුනා ගැනීම

අෂ්ටනාරි සන්දේශයේ මෙම රේඛීය නොවන ගමන් මාර්ගයේ පිහිටි සමහර ප්‍රධාන ගම්මානවල සැලකිය යුතු චරිතයක් ඇති බව මම විශ්වාස කරමි.

මෙම ගමන් මාර්ගයේ සමහර ගම්මාන කෝට්ටේ යුගයේ දී දකුණු ඉන්දීය සංක්‍රමණිකයන් රැසක් පදිංචි කර ඉඩම් සම්මාන හා බලධාරී නම් සහ හිමිකම් ලබා දුන් ස්ථාන බවට මතයක් මම ඉදිරිපත් කරමි. මෙම සංක්‍රමණිකයන් සිංහල බෞද්ධ සමාජයට ක්‍රමයෙන් අවශෝෂණය විය (බණ්ඩාරනායක, 2021). නාරිසත් සන්දේශය (පද්‍යය 77) උඩුවේරිය බණ්ඩාර මුදලි පිළිබඳ සටහන් කිරීමට අමතක නොකළේ ය. ඔහු මුණ්ඩකොණ්ඩපොළ රාජධානි සමයේ දී ශ්‍රී ලංකාවට පැමිණි මලල කුමාරයකු වූ අතර ඔහුට උඩුවේරිය ගම ඇතුළු විශාල කොට්ඨාසයක් එනම් වන්නි රට හෝ වන්නි හත්පත්තුව සම්මාන වශයෙන් ලබාදෙන ලදි (බණ්ඩාරනායක, 2021). ඔහු මෙම ප්‍රදේශය කඩුවෙන් පාලනය කළ සාහසික නායකයකු ලෙස සැලකේ. ඔහු රාජකීය හමුදාවේ ප්‍රමුඛ පෙළේ රණශූරයකු විය. එබැවින් ඔහු රජ තුමාගේ අප්‍රමාණ ඉවසීම පවා උරුම කර ගත්තේ ය (බණ්ඩාරනායක, 2021). දඹුලු විහාරයට යන අතරමග පිහිටි මේ ප්‍රසිද්ධ නායකයාගේ රට (භූමිය) පිළිගැනීමේ වගකීම කවියා සතු වීම වැළැක්විය නොහැකි විය.

නිකවාගම්පහ බ්‍රාහ්මණවලිය[20] නම් පුස්කොළ පොත නිකවාගම්පහ කෝරළයේ පදිංචි වූ දකුණු ඉන්දීය බ්‍රාහ්මණ නායකයින් පිරිසක් පිළිබඳ විස්තර සපයා දෙයි. ඔවුන් පදිංචි වූ ගම්මාන සහ කොට්ඨාස අතර දෙමටගම් පිටිය (දෙඹටෝගම), රක්වාන, රඹෑව, ගල්ගිරියාව, බොරවැව, තලාදපිටිය ආදිය ඇතුළත් වේ. මෙම මාර්ගයේ පිහිටි මෙම ගම්මාන විශේෂයෙන් සමරන ආකාරය මෙම අෂ්ටනාරි සන්දේශයෙන් පෙනේ. මෙම කවියාට මේ ගම්වලට හා ඒවායේ නායකයන්ට පක්ෂපාතීත්වයක් තිබුණේ ද? දෙඹටෝගම පුරෝහිත බ්‍රාහ්මණ රාළ සමග පැමිණි බෙර වාදක (නැකති) පවුලක් ගැන නිකවාගම්පහ බණ්ඩාරාවලිය සඳහන් කරයි. මෙම බෙර වාදකයා දෙඹටෝගම පුරෝහිත බ්‍රාහ්මණ රාළගේ නිවසට යාබද ව පිහිටි වල්පාලුව නම් ගම්මානයේ පදිංචි කරවී ය (බණ්ඩාරනායක, 2021 පි 17).

බ්‍රාහ්මණයන්, මලල කුමරුවන් සහ හෙට්ටි යන සංක්‍රමණික කණ්ඩායම් සමග ශ්‍රී ලංකාවට පැමිණ සත් කෝරළයේ පදිංචි වූ විවිධ වෘත්තීය කණ්ඩායම් පිළිබඳ විස්තර විත්ති පුස්කොළ පොත්වල සඳහන් වේ (බණ්ඩාරනායක, 2021, පිටුව 127-133, ඔබේසේකර, 2005). සන්දේශ

20 මුණ්ඩකොණ්ඩපොළ රාජධානි සමයේ ශ්‍රී ලංකාවට පැමිණ ගම් හතක පදිංචි වූ බ්‍රාහ්මණ පවුල් හතක් පිළිබඳ විස්තර මෙම අත්පිටපත සටහන් කරයි. ඔවුන්ට ලබා දී ඇති ඉඩම් ප්‍රදානයන් සහ බලයලත් හිමිකම් පිළිබඳ විස්තර ද ඇතුළත් වේ (බණ්ඩාරනායක, 2021, 2022).

කවිවරයා හෝ ඔහුගේ පරම්පරාව මුණ්ඩකොණ්ඩපොළ රජවරුන්ට හා සත් කෝරළයේ නායකයින්ට සේවය කිරීමට පැමිණි හින්දු සේවා සපයන්නන්ගෙන් පැවත එන්නෙකු විය හැකි ය. එසේත් නැතිනම් ඔවුන් හින්දු සේවාවන් සහ චාරිත්‍ර ඉටු කිරීමේ අරමුණින් පැමිණි දකුණු ඉන්දීය බ්‍රාහ්මණ පුරෝහිතයන්ගේ සහකාරයන් විය හැකි ය (බණ්ඩාරනායක, 2021, පි 16-19).

ශ්‍රී ලක් කඩ අයුරු පුස්කොළ පොත මුණ්ඩකොණ්ඩපොළ රාජධානියේ පමණක් බ්‍රාහ්මී ගම්මාන සියයක් තිබුණේ ය යි ගණනය කරයි (ඔබේසේකර, 2005, පි 68, බණ්ඩාරනායක 2021). කුරුණෑගල විස්තරය අත්පිටපත කුරුණෑගල නගරයේ පමණක් බ්‍රාහ්මණ නිවාස පන්සියයක් තිබුණේ ය යි ලැයිස්තු ගත කරයි (කුරුවිට, 2015, බණ්ඩාරනායක, 2022, පිටුව 158). මේවා දකුණු ඉන්දීය සංක්‍රමණිකයන්ගේ පදිංචි ස්ථාන යි.

ඉහත සඳහන් කර ඇති පරිදි උලගල්ල දිසාව සහ ඔහුගේ වංශය ද දකුණු ඉන්දීය කුමාරයෙකුගෙන් පැවත එන්නන් ය. එබැවින් කතුවරයා සත් කෝරළයේ ප්‍රාදේශීය නායකයන් සමඟ සම්බන්ධ වී සිටින බවක් පෙනෙන්නට තිබේ, මෙම කවියා ඔවුන්ට යම් පක්ෂපාතීත්වයක් දැක්වූ අතර ඔහු ඒ බව කාව්‍යයයන් මගින් හඳුනා දුන්නේ ය. ඉන් පසු ඔහු නුවරකලාවියේ දකුණු ඉන්දීය සම්භවයක් ඇති පරම්පරාව සම්බන්ධ කොට ඔවුන්ගේ සහයෝගය ද ඇතිව උලගල්ල දිසාවට තම යුතුකම සහ පක්ෂපාතීත්වය ඉටු කිරීමට ඉදිරිපත් විය.

දකුණු ඉන්දියානු සම්භවයක් ඇති සිංහල බෞද්ධ ප්‍රජාව පිළිබඳ මනා ආවර්ජනයක් සහ ඔවුන්ගේ ජාලයේ සැමරුමක් අෂ්ටනාරි සන්දේශය මගින් ප්‍රදර්ශනය කරන බව මේ අනුව උපකල්පනය කළ හැකි ය.

ගමන් සංදර්ශනයේ පිරිසැලසුම

අෂ්ටානාරී සන්දේශයේ විස්තර කරන ගමන යථාර්තයක් ද යන්න පිළිබඳ පාඨකයන්ට ප්‍රශ්නයක් තිබිය හැකි ය.

මේඝදූත හා තවත් බොහෝ කුරුලු දූත කාව්‍ය මනඃකල්පිත නිර්මාණ කෘතිවල සැකැස්මන් ය. ඒවායේ මාර්ග වර්ණනා මනඃකල්පිත ය. කෙසේ වෙතත් අෂ්ටනාරි සන්දේශය (සහ නාරිසත් සන්දේශය) කුඩා හෝ විශාල පරිමාණයේ සැබෑ සංචාර ගමන් බව පිළිගත හැකි ය.

අෂ්ටනාරි සන්දේශයේ (හා නාරිසත් සන්දේශයේ) කවියා මෙම ගමන් බිමන් වඩාත් උත්සවශ්‍රීයෙන් හා ප්‍රමෝධමත් ආකාරයෙන් කර ගැනීමට කල්පනා කරන්නට ඇත. උලගල්ල සංසිද්ධිය ප්‍රාදේශීය දේශපාලන බලය

සහ වරප්‍රසාද භුක්ති විඳි ඉහළ පෙළේ ප්‍රධානියකු වන දිසාව කෙනෙකු වටා කේන්ද්‍රගත වීම උපකාරයක් විය. උදාහරණයක් ලෙස අන්දිරිස් හාමි (1909, පි 5) විශ්වාස කරන්නේ පෙළපාලිය තුළ බොහෝ පිරිමින් සහ කාන්තාවන් සිටි බව යි. නාරිසත් සන්දේශය පද්‍යය අංක 20 න් පැහැදිලි කරන්නේ ඉදිරිපස කොටසේ ගමන් කළ මිනිසුන් කඩු රැගෙන ගිය බව යි. මෙවැනි ගමනක දී කඩු රැගෙන යාම අස්වාභාවික ය. කෙසේ වෙතත් එය අධ්‍යාත්මික හේතු නිසා විය නොහැකි ය.

ඡායාරූපය 1 - නාථගනේ පත්තිනි දේවාලය

අෂ්ටානාරී සන්දේශයේ සංචාරක සාදයට බොහෝ පිරිසක් සහභාගිවන්නට ඇත. එනම් කඩු දරන්නන්, පතාක දරන්නන්, බෙර වාදකයින්, නැට්ටුවන්, සහ පරිවාරකරුවන් යන අය යි. ප්‍රීති ඝෝෂා මධ්‍යයේ නාථගනෙන් පිටත් වූ තරුණියන් ගැන සඳහන් වන්නේ " රොක්උනු සෙන් සමඟ යන මං සිනාවේ" යනුවෙනි (පද්‍යය 17). එයින් පෙනී යන්නේ ගමනට සුභ ප්‍රාර්ථනා කිරීමට විශාල පිරිසක් එහි රැස් ව සිටි ආකාරය යි. 61 වන පද්‍යයේ "දවුල් බෙර මොරහු පෙරටුව යන කළ මා" යනුවෙන් සඳහන් වන අතර එමගින් පෙරහැර බෙර වාදකයින් විසින් පෙරටුවෙන් මෙහෙයවන ලද බව අර්ථ දැක්වේ. නර්තන ශිල්පීන් වැනි තවත් වෘත්තිකයන් සහ කලාකරුවන් මෙම සංදර්ශනයට එක් වූවා විය හැකි ය.

මාර්ගය දිගේ නවාතැන් පහසුකම් සහ ආහාර පාන සඳහා ඔවුන්ට අනුග්‍රහය අවශ්‍ය විය. ප්‍රාදේශීය නායකයන් සෑම ගම්මානයක දී ම ඔවුන් සාදරයෙන් පිළිගෙන ඔවුන්ගේ සුබසාධනය සොයා බලන්නට ඇත. සුරූපි තරුණියන් ඔවුනට ආකර්ශනයක් වන්නට ඇත. ප්‍රමුඛ ගම්මාන හා අනුග්‍රාහකයන් අනාවරණය කිරීම සහ පිළිගැනීම සඳහා මෙම සන්දේශ කන්ඩායම වංගු මාවතක යාමට හේතුව එය විය හැකි ය.

ඡායාරූපය 2 - ගැටුලාගත් විහාර පිළිම ගෙය

මෙම සංදර්ශන ගමන ඇත්ත වශයෙන් ම සිදු වූයේ අප්‍රේල් මාසයේ නොහොත් උත්සවාකාර සැමරුම් මාසය වන "බක් මස" තුළ ය (පද්‍යය 1). සත් කෝරළයේ සහ නුවරකලාවියේ සහල් අස්වනු නෙළීමෙන් (සැප්තැම්බර් සිට අප්‍රේල් දක්වා වගා සමයෙන් පසු ව) පසු බක් මසෙහි (අප්‍රේල්) හින්දු සහ සිංහල අලුත් අවුරුදු උත්සව පැවැත්වේ. මෙම කාලය තුළ සන්දේශ ගමන් සංදර්ශනය දියත් කිරීම වඩාත් සුදුසු විය. උත්සව සමය නිසා විශාල පිරිසක් සංදර්ශනයට සහභාගි වන්නට ඉඩ තිබුණි. කතුවරයාගේ වංශයේ බෙර වාදකයින් ප්‍රමුඛ කොට තරුණ කාන්තාවන් අට දෙනා ගමන් කරන්නට ඉඩ ඇත. සන්දේශය රැගෙන ගිය ප්‍රමුඛ පෙළේ තරුණිය සුවිශේෂ ඇඳුමකින් සැරසී සිටියා විය හැකි අතර ඇය උසස් නම්බුනාමයක් හෝ පිළිගැනීමක් මෙම සංදර්ශනයේ භුක්ති විඳින්නට ඇත.

ගමන කඩිමුඩියේ කළ දෙයක් නොවිය හැකි ය. උත්සවාත්ශ්‍රීය උකහා ගැනීමට යම් කාලයක් ගත වන්නට ඇත. රූමත් හා අලංකාර ලෙස ඇඳ

පැළඳ සිටි තරුණියන් අට දෙනකුගේ සහභාගිත්වය නිසා මෙම සංදර්ශනය වඩාත් උත්කර්ෂවත් වන්නට ඇත. මෙය මෙම ප්‍රදේශයේ මහත් උත්කර්ෂවත් උත්සවයක් වූ අතර මග දෙපස විසූ ප්‍රාදේශීය ප්‍රභූවරු සංචාරක කන්ඩායම ගෞරවාන්විතව පිළිගත්හ. එපමණක් නොව ප්‍රාදේශීය නායකයන් එම සන්දේශ අරමුණ ගැන හොඳින් දැන සිටි අතර එබැවින් ඔවුහු උලගල්ල අරමුණට වඩා සහයෝගයක් දැක්වූහ.

ඡායාරූපය 3 - උලගල්ල වැව

මෙම තොරතුරු අනුව අෂ්ටානාරී සන්දේශය පිටුපස සැඟවුණු ඓතිහාසික සහ සමාජ පුරාවෘතයක් ඇති බව පෙනේ. එහි සැබෑ සත්‍යයය අපට කිසිදාවත් නිශ්චිත ලෙස දැන ගැනීමට නොහැකි වනු ඇත. නමුත් අෂ්ටනාරි සන්දේශය සත්කෝරළයේ සහ නුවරකලාවියේ සිංහල බෞද්ධ නායකයන් සහ දකුණු ඉන්දීය සම්භවයක් ඇති පරම්පරා අතර සහයෝගීතාව පුනර්වර්ධනය කිරීමට ඉඩ ලැබුණු අවස්ථාවකි. එය මගේ සංකල්පනාව යි.

තවත් ඉතාමත් ම වැදගත් මානයක් වන්නේ මෙම සන්දේශයේ සාහිත්‍යමය වටිනාකම තක්සේරු කිරීම යි. ඇත්ත වශයෙන් ම මෙය කාව්‍යයක් නිසා එය පුළුල් ප්‍රේක්ෂක පිරිසක් විසින් අසා රස විදිය යුතු ශ්‍රව්‍ය කෘතියකි. එම නිසා මෙම සන්දේශයේ රස විඳිය හැකි ගුණාංග සහ සාහිත්‍යමය වටිනාකම පිළිබඳ ඇගයීමක් මීළඟ පරිච්ඡේදයට ඇතුළත් කරන්නෙමි.

7 වන පරිච්ඡේදය:

අෂ්ටනාරි සන්දේශය - සාහිත්‍යමය ඇගයීමක්

මෙම පරිච්ඡේදය අෂ්ටනාරි සන්දේශය පිළිබඳ සාහිත්‍ය ඇගයීමක් ඉදිරිපත් කිරීමට වෙන් කරන්නේ ය. එවැනි ඇගයීමක් පාඨකයාට ප්‍රයෝජනවත් වන්නේ එහි කාව්‍යමය විෂය පථය හඳුනා ගැනීමටත් සිංහල කාව්‍ය සාහිත්‍යයේ එයට හිමිවන ස්ථානය අවබෝධ කර ගැනීමටත් ය.

එසේ ම මෙම පරිච්ඡේදයේ සම්භාව්‍ය සිංහල සන්දේශයේ අග්‍රස්ථානයක් හිමි වන සැළලිහිණි සන්දේශය සමඟ සංක්ෂිප්ත සංසන්දනයක් ද සිදු කරනු ලැබේ. එම සංසන්දනය වැදගත් වන්නේ වඩාත් දියුණු කාව්‍ය නිර්මාණ අතර අෂ්ටානාරි සන්දේශය කොයි ආකාරයට ස්ථානගත වන්නේ දැ යි පෙන්වීමට ය.

සය වන පරාක්‍රමබාහු රජුගේ (ක්‍රි.ව. 1412-1469) දියණියක වූ උලකුඩය දේවියට පුතකු ලැබීමට ආශිර්වාද කිරීම සඳහා රචිත සැළලිහිණි සන්දේශය කැලණි රජ මහා විහාරයේ විසූ විභීෂණ දෙවියන් වෙත යවන ලද්දකි. සිංහල කවියේ අග්‍රස්ථ ශාස්තෘන් වහන්සේ කෙනෙකු වන තොටගමුවේ ශ්‍රී රාහුල හිමි (ක්‍රි.ව. 1410 සිට 1480) විසින් රචිත සැළලිහිණි සන්දේශය සමග සසඳා බැලීම තරමක අසීරු කරුණකි. එම නිසා මා විශ්වාස කරන්නේ මැටිඔළුව වැනි අව්‍යාජ ගමමානයක උපත ලද මෙම ගැමි කවියාට බල අසමතුලිතතාවය මත යම් අසාධාරණයක් සිදු නොවීමට වගබලා ගත යුතු බව ය.

අෂ්ටනාරි සන්දේශයේ කවියාගේ අභියෝග

අෂ්ටනාරි සන්දේශය රචනා කොට ඇත්තේ ආරාධනයකට ප්‍රතිචාරයක් ලෙස බව අපට පැහැදිලිව ම උපකල්පනය කළ හැකි ය. එබැවින් එය කවියාගේ නිපුණතාව පිළිබඳ අවබෝධයක් ඇති අනුග්‍රාහකයකු විසින් මෙම කවියාට පැවරෙන කාර්යයක් ලෙස සැලකිය හැකි ය. කවියා මෙම ප්‍රතිලාභියා සමීප ව දැන සිටියේ නම් ඔහුගේ කාර්යය නිසැකව ම පහසු වනු ඇත.

ආරාධිත කවියකුට වස්තු විෂය පිළිබඳ මනා අවබෝධයක් භක්තියක් සහ ඒ සඳහා සමීප සම්බන්ධයක් තිබීම අත්‍යවශ්‍ය වන්නේ ය. එසේ නොමැති නම් එය කාව්‍ය නිර්මාණශීලිත්වයට සහ හැඟීම්වලට බොහෝ දුරට බලපාන හෙයින් එවැනි කාව්‍යය කෘත්‍රිම නිෂ්පාදනයක් වනු ඇත. තව ද කතුවරයා ගමන් සංදර්ශනයට සහභාගී වී මානසික ආවේගයන් අත්විඳිමින් කාව්‍ය සඳහා නිර්මාණාත්මක අදහස් ජනනය කළ යුතු ව තිබුණි. එනිසා මෙම කවියා සන්දේශ කන්ඩායම සමග ගමන් කරන්නට ඇතැ යි සිතිය හැක.

කෙසේ වෙතත් අවසානයේ මෙම කාව්‍ය පද්ධතිය ප්‍රේක්ෂක පිරිසකට හඬ නගා ගායනය මගින් ඉදිරිපත් කිරීමට අවශ්‍ය වන්නේ ය. එම සිදුවීම වූ අවස්ථාව වර්ණවත් උත්සවයක් හෝ මෙම කාව්‍ය නිර්මානයේ ජයග්‍රහණය සැමරීම සඳහා අනුග්‍රාහකයන් සමග පැවැත්වූ රැස්වීමක් ද විය හැකි ය.

අෂ්ටානාරී සන්දේශයේ මනෝ රූප (Imagery) සහ ශ්‍රවණ විභවය (Auditory nature)

කාව්‍යයක් යනු භාෂාවක සුවිශේෂී ශෛලීන් සහ රිද්මයානුකූල හැකියාවන් භාවිත කරමින් විෂයයක් පිළිබඳ හැඟීම් සහ අදහස් ජනනය කරන ශ්‍රවණ මාධ්‍යයකි. එසේ ම කාව්‍ය යනු යමකු විසින් යමෙකුට කියවීමෙන් හෝ යමෙකු විසින් ඇසීමෙන් විචිත්‍රවත් පරිකල්පනයන්, හැඟීම් සහ අර්ථයන් ජනනය කරන මාධ්‍යයකි. වෙනත් වචනවලින් කිවහොත් දෙසවන්වලින් කාව්‍යයන් ඇසීමෙන් පසු එ මගින් සංවේදනය ජනනය කරන, සංකල්ප සහ රූප මනසින් දැකීමටත් අවස්ථාව සලසන, සහ මනසින් අර්ථකථනය කිරීමටත් විභවයන් ඇති කරන මාධ්‍යයකි.

අෂ්ටනාරි සන්දේශය යන නම ඇසූ විට අසන්නකුට හෝ පාඨකයකුට නිරූපණය වන්නේ කුමක්ද? කාව්‍යයක මාතෘකාව මගින් කාව්‍යයේ රාමුව කුමක්ද යන්න පෙන්නුම් කරන අතර එහි තිබිය හැකි රූප සහ

හැඟීම් පිළිබඳ පදනමක් සංකල්පනයකට ළඟා වන්නේ ය. මෙම සන්දේශයෙන් ජනනය කරන පළමු හැඟීම නම් සරාගී තරුණියන් අට දෙනෙකුගේ මනස්කල්පිත රූප සහ ධර්මිෂ්ඨ පණිවිඩයක් අඩංගු අත්පිටපතක් ඔප්පු කිරීමකට යන ගමනකට ඔවුන්ගේ සම්බන්ධ වීමකි.

සම්භාව්‍ය සන්දේශ කාව්‍යය පිළිබඳ මනා දැනුමක් ඇති ප්‍රේක්ෂකයන්ට පහසුවෙන් සන්දේශ ව්‍යුහය සහ අදාළ ඛණ්ඩ අවබෝධ කරගැනීමටත් ඉදිරි අනුපිළිවෙළ පුරෝකථනය කිරීමටත් පහසු වනු ඇත. නමුත් සම්භාව්‍ය සන්දේශ සංකල්පය සහ ආකෘතිය ගැන නොදන්නා අය පැහැදිලිව ම යැපෙන්නේ කවියාගේ භාෂා කුසලතා මත, මානසික රූප මවා පෙන්වීමේ, හැඟීම් දැනවීමේ හා අර්ථ ජනනය කිරීමේ විභව ශක්තිය මත ය.

අෂ්ටනාරි සන්දේශයේ ව්‍යුහය

අෂ්ටනාරි සන්දේශයේ මුල් පිටපත්වල කවි එක්රාශී කිරීම මගින් සකස් කරන ලද මෙම ප්‍රකාශනයේ කාව්‍ය 131ක් ඇත.

අෂ්ටානාරී සන්දේශයේ ව්‍යුහය කොටස් හයක් යටතේ හඳුනාගත හැකියඃ

1. **කවියා හැඳින්වීම සහ සන්දේශය එළිදැක්වීම** (පද්‍යය 1 සිට 4 දක්වා): මෙම කොටසේ කවියා විසින් අතිශයෝක්තියෙන් ඔහුගේ කාව්‍ය ශ්‍රේෂ්ඨත්වය, ඔහු පදිංචි ස්ථානය, සන්දෙශය රචනා කළ කාලසීමාව සහ මෙම කාව්‍යයේ පද රසවිඳීමට පාඨකයන්ට කරන ආරාධනාව ඇතුළත් වේ.
2. **දූත වර්ණනා** (පද්‍යය 5 සිට 17 දක්වා): මෙම කොටසේ යුවතියන් අට දෙනාගේ සුන්දරත්වය පිළිබඳ විචිත්‍රවත් වර්ණනාවක් සපයයි. කවියා උපමා සහ උපමා රූපක භාවිත කරමින් ඔවුන්ගේ සිරුර, මුහුණ, ඇස්, පියයුරු, හිසකෙස්, ඇඳුම් පැළඳුම්, විසිතුරු ආභරණ, රූපලාවන්‍ය, සිනහව, ගමන යනාදිය වර්ණනා කරයි. ඊට අමතර ව තරඹන්නන් පාර අයිනේ සිට යුවතියන් දර්ශනයට ග්‍රහණය කර ගන්නා ආකාරය අගයා ඇත. මෙම තරුණ කාන්තාවන්ගේ සරාගී අංගෝපාංගයන් පක්ශීන්ගේ වැරදි වැටහීමකට හෝ රැවටීමට හසු වූ බවද අතිශයෝක්තියෙන් පෙන්වා දී ඇත.
3. **මාර්ග වර්ණනාව** (පද්‍යය 18 සිට 117 සහ 123 සිට 125 දක්වා): මෙම කොටසේ පද්‍ය ගැටුලාගන් විහාරය දක්වා යන මාර්ගයේ

ඇති බිම් සලකුණු 80කට ආසන්න ප්‍රමාණයක් ගැන වර්ණනා සඳහන් වේ. බොහෝ බිම් සලකුණු සහ ඒවායේ වටපිටාව පිළිබඳ විශේෂ විස්තරයක් නොමැති නමුත් නැවත නැවතත් විස්තර කර ඇත්තේ එක් එක් ස්ථාන පසු කරන විට තරුණ කාන්තාවන් අට දෙනාගේ රූපාලංකාරය සහ සුන්දරත්වය විචිත්‍ර ව ප්‍රදර්ශනය වූ ආකාරය යි.

4. **උලගල්ල උරුමය වර්ණනා** (පද්‍යය 118 සිට 122 දක්වා): මෙම කොටසින් උලගල්ල දිසාවගේ මුතුන් මිත්තකු වූ ඉලංගසිංහ කළු කුමාරුගෙන් ඔහුට උරුම වූ උරුමයේ චිත්ත රූපයක් ලබා දේ. මෙම කොටසේ උලගල්ල ජලාශය සහ එහි දර්ශන, කෙත් වතු, වෘක්ෂලතා හා උද්‍යාන ඉතා අලංකාර ලෙස නිරූපණය කර ඇත. උලගල්ල මන්දිරය සහ එහි ධාන්‍ය ගබඩා, මුර නිවාස, අලි සහ අශ්ව සංචිත සහ ගමන් කරත්තවලින් සමන්විත වන පහසුකම් අවධාරණයට ලක් කරනු ලැබේ. ඒ හැරුණු විට උලගල්ල පරම්පරාවට පිරිනැමුණු රාජකීය ඉඩම් හා ගෞරව නාම කාරුණික ව සිහිපත් කරනු ලැබේ.
5. **ගැටුලාගන් විහාරය (ගමනාන්තය) සහ වන්දනාව** (පද්‍යය 126 සිට 129 දක්වා): ගටුලාගන් විහාරය යනු දහස් ගණන් බැතිමතුන් ආකර්ශනය කරන පැරණි බෞද්ධ පූජනීය ස්ථානයක් ලෙස සටහන් කර තිබේ. මෙම පුදබිම ඉතාමත් භක්තියෙන් හා ගෞරවයෙන් වන්දනාමාන කරන ලෙස කවියා තරුණ කාන්තාවන්ගෙන් ඉල්ලා සිටී.
6. **සන්දේශය ඉදිරිපත් කිරීම** (පද්‍යය 130 සිට 131 දක්වා): මෙම කොටස සන්දේශයේ අඩංගු පණිවිඩය විස්තර කරයි. එනම්, මහා බුවනෙකබාහු රජු විසින් උලගල්ල දිසාවගේ මුතුන් මිත්තන්ට ප්‍රදානය කරන ලද නමුත් අහිමි වූ භූමිය සහ රටතොට නැවත ලබා දෙන ලෙස ගැටුලාගන් විහාරයේ දෙවියන්ට කරන ගෞරවනීය ආයාචනයකි. උලගල්ල දිසාවට සුබ පැතුම් ලබා දීම ද එම ආයාචනයේ කොටසකි.

සෑම කවියක් ම පේළි හතරකින් සමන්විත වේ. කවියා සෑම පද්‍යයක ම පාද සහ රිද්ම රටාව ආරක්ෂා කිරීම සඳහා සියුම් සැලකිල්ලක් ගෙන ඇත. විශේෂයෙන් ම මාර්ග වර්ණනාවල එක් එක් පේළියේ අවසාන වචනය ගම්මානයේ නම සමඟ රිද්මයානුකූල ව ගැළපෙන පරිදි නිර්මානය කර ඇත.

සැළලිහිණි සන්දේශය සමග ව්‍යුහාත්මක සංසන්දනය

සැළලිහිණි, මයුර, තිසර, පරවි, කෝකිල, ගිරා සහ හංස වැනි සියලු ම සම්භාව්‍ය සන්දේශවල සමාන සැකැස්මක් ඇත. ඒවා දූතයන් ව උණුසුම් පිළිගැනීමකින් ආරම්භ වන අතර ඉන් පසු ව දූතයන් ප්‍රශංසාවකට ලක් කරයි. ඊළඟට පණිවිඩය ලබන්නා ගැන සඳහන් කිරීමක් ඇත. ඊළඟට ඇත්තේ අදාළ නගරයෙන් පිට වීම සහ නගරයේ පාලකයා ගැන සඳහන් කිරීම සහ තමන්ගේ රාජකාරිය ඉටු කිරීමට දූතයන්ට උපදෙස් ලබා දීම ය. අවසාන වශයෙන් මාර්ග වර්ණනා, විස්තර සහිත ව පණිවිඩය පැහැදිලි කිරීම, සහ දූතයන්ට අවසාන වශයෙන් ආශිර්වාද ලබා දීම යන අංග ඇතුළත් වේ.

ඉහත දී දැනටමත් සඳහන් කර ඇති පරිදි අෂ්ටනාරි සන්දේශය සම්භාව්‍ය සන්දේශ ආකෘතියෙන් (ව්‍යුහයෙන්) අපගමනය වේ. අෂ්ටනාරි සන්දේශය ආරම්භ වන්නේ කවියා පිළිබඳ ව ම වර්ණනාවෙනි. අෂ්ටනාරි සන්දෙශයේ "දස පද හැල්ල" නම් දූතයා සාදරයෙන් පිළිගන්නා පේළි දසයකින් සමන්විත පද්‍ය ආකෘතිය සහ දූතයට අවසානයේ දී ආශිර්වාද කිරීම ඇතුළත් නොවේ.

සැළලිහිණි සන්දේශය නිර්මාණය කර ඇත්තේ එහි මෙහෙවර කෙසේ හෝ සාර්ථක වන ආකාරයට ය. ඉහත සඳහන් කර ඇති පරිදි සැළලිහිණි සන්දේශයේ අභිප්‍රාය වූයේ උලකුඩය දේවියට පුතෙකු ලබා දීමට ආශිර්වාද ලබා දීම ය. එම අභිප්‍රාය පසුව ඉටු විය. පණිවිඩයේ පැහැදිලි බව, මෙහෙවර ඉටු කිරීමට එක් එක් භූමිකාවට හිමිවූ කාර්යභාරයේ පැහැදිලි බව, කාව්‍යයේ පරවාහය, සමස්ත සන්දේශය තුළ එක් එක් කොටස්වල සමපාත භාවය යනාදිය ඉතා සූක්ෂ්ම ලෙස නඩත්තු කොට ඇත. චාරිත්‍රානුකූල ව විභීෂණ දෙවියන්ට සන්දේශය ඉදිරිපත් කිරීමට අමතර ව, කවියා එම දෙවියන්ගේ භාර්යාවගෙන් සහ පුතාගෙන් ද අමතර සහායක් පතයි (පද්‍යය 106 සහ 107). මෙම සම්භාව්‍ය කවියා තම ප්‍රයත්නය අසාර්ථක නොවීමට සෑම පියවරක් ම ගෙන ඇත.

අෂ්ටනාරී සන්දේශයේ කවියාගෙන් මෙවැනි ශිල්පීය පරිණත බවක් අපේක්ෂා කිරීම සාධාරණ නොවේ. අෂ්ටානාරී සන්දේශයෙහි එක් එක් කොටස් අතර සමබරතාව සහ සංකල්ප හා කාව්‍ය අංගවල ප්‍රවාහය යනාදිය තරමක් දුර්වල ය.

අෂ්ටනාරී සන්දේශයේ BL, M1 and M2 පිටපතේ වල සැළලිහිණි සන්දේශයේ මෙන් කාව්‍ය 108ක් ඇත. අපගේ කවියා ප්‍රර්ථනා කර ඇති බව පෙනෙන්නේ තොටගමුවේ ශ්‍රී රාහුල කවියාගේ නිර්මාණය අගය

කරන අතර එම විශිෂ්ට කෘතියේ කාව්‍ය සංඛ්‍යාවට සමාන්තරව කාව්‍ය සංඛ්‍යාව තබා ගැනීමටත් ය.

කවියාගේ පුද්ගල දෘෂ්ටි කෝණය (Point of view)

ශ්‍රාවකයා කවියාගේ ප්‍රබන්ධ ලෝකයට රැගෙන යාමට කවියාගේ පුද්ගල දෘෂ්ටි කෝණය බෙහෙවින් ම පිටුවහල් වේ. බොහෝ දුරට මෙම කවියා විසින් අෂ්ටනාරී සන්දේශය රචනා කොට ඇත්තේ මධ්‍යම පුරුෂ (Second person) හා ප්‍රථම පුරුෂ (Third person) දෘෂ්ටිකෝණ භාවිත කරගෙන ය. සන්දේශයේ පළමු කොටස උත්තම පුරුෂ (First person) හා ප්‍රථම පුරුෂ දෘෂ්ටි කෝණයෙන් ලියා ඇත. තරුණියන්ගේ සුන්දරත්වය සහ ලාලිත්‍යය ආලෝකවත් කරන දෙවන කොටස ප්‍රථම පුරුෂ දෘෂ්ටි කෝණයෙන් ලියා ඇත්තේ රූමතියන්ගේ ප්‍රතිරූපය ගොඩනගා ගැනීමට සහාය ලබා දීමට ය. තුන්වන කොටස එනම් මාර්ග වර්ණනා ලියා ඇත්තේ මධ්‍යම පුරුෂ හා ප්‍රථම පුරුෂ දෘෂ්ටි කෝණයෙන් ය. මෙම සන්දේශයේ අවසාන කොටස් දෙක මධ්‍යම පුරුෂ දෘෂ්ටි කෝණයෙන් රචනා කර ඇත. සමස්ත කාව්‍යය සඳහා වැඩිපුරම යොදාගෙන ඇත්තේ මධ්‍යම පුරුෂ හා ප්‍රථම පුරුෂ දෘෂ්ටිකෝණයන් ය.

සැළලිහිණි සන්දේශය හා අනෙකුත් සියලු ම සම්භාව්‍ය සිංහල සන්දේශ කාව්‍යයන් ඊට වෙනස් ව දූතයන්ට සෘජු ව ආමන්ත්‍රණය කරමින් සහ මඟ පෙන්වමින් මධ්‍යම පුරුෂ දෘෂ්ටිකෝණයෙන් ස්ථාවර රටාවකට රචනා කොට ඇත. ඒ ආකාරයෙන් ශ්‍රාවකයාට මුළු ගමනේ දී ම දූතයා සමඟ සමීප ව සිටීමට ඉඩ හැර ඇත. එමගින් පාඨකයාට පොහොසත් සංවේදී අත්දැකීමක් ලබා දීමට ඉඩකඩ ලබා දී ඇත. අෂ්ටානාරී සන්දේශයේ උත්තම පුරුෂ, මධ්‍යම පුරුෂ හා ප්‍රථම පුරුෂ දෘෂ්ටි කෝණවල මිශ්‍රණය එයට සවන් දෙන්නන්ගේ අඛණ්ඩ සංවේදී අත්දැකීමට මදක් බාධා පමුණුවන්නේ ය.

මීට ඉහත සඳහන් කර ඇති පරිදි, එක් එක් මාර්ග සලකුණ (ගම්මානය) පසුකර යන යුවතියන් විස්තර කිරීමට දූත වර්ණනා කොටසේ මෙන් උපමා සහ රූපක පුනරාවර්තනය කිරීම නිසා සමස්ත සන්දේශයේ ද්විගුණතාවක් නිර්මාණය කර ඇත. එමගින් පාඨකයාගේ රසවිඳීමේ බාධාවක් උදා කර ඇතැ යි මම සිතමි. නමුත් සරාගී කාන්තාවන්ට පුන පුනා ප්‍රමුඛතාවක් දීමට කවියාට අවශ්‍ය වන්නට ඇත.

කෙසේ වෙතත් මෙම සන්දේශයේ සැබෑ ගමන් මාවතේ වෙසෙන බොහෝ ගැමියන් ඔවුන්ගේ ප්‍රදේශ විස්තර කරන කාව්‍ය මතකයේ තබා

ගෙන ඇති බව මට නිරීක්ෂණවලින් පෙනී ගියේ ය. එයට හේතුව ලෙස පෙනී ගියේ ඔවුන්ගේ ගම්මානය හෝ තදාසන්න ගම්මාන රූපිකාවන් අට දෙනෙකුගේ අලංකාරය සහ රූපලාවන්‍යය සමග සම්බන්ධ කර තිබීම නිසා ය. කවියා පුන පුනා කළ කාන්තා වර්ණනාව ගැමියන්ගේ මතක තුළ ස්ථාපිත වීමට හේතු කාරක විය. නමුත් මෙම ගැමියන්ට අෂ්ටනාරී සන්දේශයේ සියලු ම පද්‍ය ගැන අවධානයක් හෝ පරමාර්ථය ගැන අවබෝධයක් තිබී නොමැති බව මට පෙනී ගියේ ය.

මා මගේ යොවුන් වියේ මෙම සන්දේශය ගැන උනන්දු වුයේ ද එහි අහඹු කවි කීපයක් මා උපන් ප්‍රදේශය හා සම්බන්ධ වූ නිසා ය. මට පවා සම්පූර්ණ සන්දේශයට ප්‍රවේශයක් නොලැබුණු බැවින් එම අවධියේ දී මෙම සන්දේශයේ අරමුණ යනාදිය ගැන මට කිසිම අවබෝධයක් තිබුණේ නැත. නමුත් සුරූපී කාන්තාවන් සමග සම්බන්ධ වු මාර්ග වර්ණනාව මට මනස් ගෝචර විය.

සන්දේශයේ මනෝභාවය (Mood) සහ ස්වරය (Tone)

යමෙකු කවියකුගේ කෘතියක් කියවන විට හෝ ඒයට සවන් දෙන විට කතුවරයා පාඨකයාට දැනෙන්නට හැරීමට බලාපොරොත්තු වන සංවේදනයන් නිරූපණය කරන්නේ කවියාගේ මනෝභාවයන් මගිනි. ඒවා උචිත උත්තේජකවලින් සමාරම්භ කර චිත්තවේග මගින් දියුණු කර මනෝ රූප මැවීම හරහා සියුම් ලෙස සංවේදනයකට ලක් කෙරේ. මෙම මනෝභාවය සම්බන්ධ සංකල්පය "රස" යන ඉන්දියානු සම්භාව්‍ය කාව්‍ය සංකල්පය සමඟ සමපාත වේ. ස්වරය යනු හුදෙක් කතුවරයන්ට ඔවුන්ගේ විෂය කරුණු ගැන හැඟෙන ආකාරය යි. ස්වරය බොහෝ විට කවියාගේ මනෝභාවයට සමීපස්ථ වේ.

අෂ්ටානාරී සන්දේශය මගින් මනෝභාවයන් දෙකක් නිර්මාණය කරීමට සමත් වී තිබේ, එනම් ඉන්ද්‍රිය සුන්දරත්වය නොහොත් සරාගී හැඟීම් වර්ධනය (ශෘංගාර රස) හා අධ්‍යාත්මිකත්ව (භක්තිය) ප්‍රවර්ධනය කිරීම ය. අධ්‍යාත්මිකත්ව මනෝභාවය සම්භාව්‍ය ඉන්දියානු රස සංකල්පයන් වන කරුණායම් නොහොත් දයානුකම්පාව සහ ශාන්තම් නොහොත් ශාන්තිය සමඟ සමපාත වේ (Manamohan, 2002). අෂ්ටානාරී සන්දේශයේ ඇති මෙම ප්‍රතිවිරුද්ධ මනෝභාව දෙක (ශෘංගාර සහ අධ්‍යාත්මික) එම කාව්‍යය වඩාත් ආකර්ෂණීය කිරීමට උපකාරී වී ඇත. මෙම සන්දේශයේ සංවේදී අධ්‍යාත්මික අරමුණත් රූප ලාවන්‍යයෙන් පිරි සරාගී තරුණියන් අට දෙනෙකු පණිවිඩකරුවන් ලෙස තෝරා ගැනීමත්

ගැන සලකා බලන විට මෙම මනෝභාව දෙකේ ම සංකලනය පුරෝකථනය කිරීම අපහසු නොවේ.

ශෘංගාර රස ජනනය කිරීම සඳහා කවියන්ට සුවිශේෂ හෘදයාංගම සහ මනෝහර වචන, සරාගී රූප, සරාගී ඇඳුම් පැළඳුම් සහ සරාගී ක්‍රියාවන් භාවිත කළ හැකි ය. අෂ්ටනාරී සන්දේශයේ යුවතියන්ගේ සුන්දර රූපලාවන්‍යය නිරූපණය කර ඇති 5 සිට 17 දක්වා පද්‍යවල ශෘංගාර රසය බෙහෙවින්ම ප්‍රකාශ වේ. තව ද මාර්ග වර්ණනාවේ එක් එක් මාර්ග සලකුණු පසුකර යන ඔවුන්ගේ අව්‍යාජ සුන්දරත්වය සහ සරාගී පෙනුම ප්‍රශංසා කරමින් ශෘංගාර රස නැවත නැවතත් ප්‍රවර්ධනය කෙරේ.

ශෘංගාර රසය සංකල්පයක් ලෙස සංවේදන ගොනුවක් ගොඩනැගීමට ඉඩප්‍රස්තා ලබා දෙයි. උදාහරණයක් ලෙස සංස්කෘත භාෂාවෙන් මෙම යෙදුම ස්වභාවික සුන්දරත්වය, සැරසිලි නිර්මාණය, ආකර්ශනීය බව සහ සෞන්දර්යාත්වය අර්ථ කථනය කිරීම සඳහා භාවිත කර ඇත. එහෙයින් ස්වභාව සෞන්දර්යය වර්ණනා කිරීමේදීත් ශෘංගාර රසය ආලේප කළ හැකි ය. අෂ්ටනාරී සන්දේශය ජනනය කරන ලද ශෘංගාර රස පිළිබඳ උදාහරණ කිහිපයක් මෙම පරිච්ඡේදයේ ඉදිරි කොටසක සපයා ඇත.

අධ්‍යාත්මික මනෝභාවය බෞද්ධ සහ දේව සිද්ධස්ථාන (විහාර සහ දේවාල) ඇතුළු සියලු පූජනීය ස්ථාන අගය කිරීමෙන් හා පිළිගැනීමෙන් ස්ථාපිත කර ඇත. ආධ්‍යාත්මික ගුණාංග සාක්ෂාත් කර ගැනීම සඳහා පූජනීය ස්ථාන වන්දනා කිරීමට යුවතියන්ට නිතර නිතර කරන ආරාධනයන් සහ දිරිගැන්වීම් මෙම සන්දේශයේ බෙහෙවින් දක්නට ලැබේ. නිදසුනක් වශයෙන් සන්දේශ ගමන ආරම්භ වන්නේ බුදුන් වහන්සේ සිය පා සටහන තැබූ බව විශ්වාස කෙරෙන සමනොළ කන්ද දෙස බැලීමට යුවතියන්ට ආරාධනා කරමිනි. මෙම කවියා මෙම චාරිත්‍රය අනුපිටපත් කර ඇත්තේ නැගෙනහිර දෙසින් පිහිටා ඇති සමනොළ කන්ද දර්ශනය කරන මෙන් දූතයාගෙන් ඉල්ලා සිටින සැළලිහිණි සන්දේශයෙන් විය හැකි ය (සැළලිහිණි සන්දේශය පද්‍යය 25 "සකිසඳ පෙනේ සමනොළ ගල නැගෙනහිර").

අෂ්ටනාරී සන්දේශයේ අවධාරනය කරන බෞද්ධ සිද්ධස්ථාන අතර කොල්ලාගල විහාරය (පද්‍යය 23 සිට 25 දක්වා), පූජනීය දොළු කන්ද (පද්‍යය 31 සහ 32), වැල්ලාගල විහාරය (පද්‍යය 34 සිට 36 දක්වා), නියදවනේ විහාරය (පද්‍යය 74), අවුකන විහාරය (පද්‍යය 98) සහ අවසානයේ ගැටුලගන් විහාරය (පද්‍යය 128 සහ 129.) වේ. මෙම සිද්ධස්ථාන මෙම ගමනේ දී නොමසුරු ව වැඳ පුදා ගන්නා ලෙස

යුවතියන්ගෙන් බැගෑපත් ව ඉල්ලා සිටී. ගැටුලගත් විහාරයට කැප වූ කවියක් (පද්‍යය 129) බුදුදහමේ උගන්වන අධ්‍යාත්මිකත්වය පිළිබඳ අවධාරනය යොමු කරන කදිම නිදසුනකිඃ

සෙනා දිදී එන සෙනගත් නොඹා ඇ   ඳු
පීනා සසර සාගරයන් ගෙවා යෙ   දූ
නානා මේ යුදයදී මුදුනත් තබා ඉ   ඳු
නුනා පැලඳි සළු මුදුනත් තබා ව   ඳු

මෙම පද්‍යය සංක්ෂිප්තයෙන් ඉදිරිපත් කරන්නේ දුකෙන් පිරි සසර සාගරය තරණය කර අවසානයේ විමුක්තිය ලබා ගැනීම සඳහා මෙම පූජනීය ස්ථානය දොහොත් මුදුනත් තබා වන්දනාමාන කිරීමට අනෙකුත් වන්දනා නඩය සමග එකතු වන ලෙස යුවතියන්ගෙන් කරන ඉල්ලා සිටීමකි.

සැළලිහිණි සන්දේශයේ මූලික වශයෙන් නිරූපණය වන්නේ වීරත්වය, ශාන්තිය, දයානුකම්පාව සහ ශෘංගාරය යන මනෝභාව අංග හතරේ සම්මිශ්‍රණයක් බව මම විශ්වාස කරමි. සැළලිහිණි සන්දේශය පමණක් නොව ගිරා, පරවි සහ කෝකිල සන්දේශ ද ශ්‍රී ලංකාව එක්සේසත් කර සෞභාග්‍යයේ වාතාවරණයක් උදා කළ හය වන පරාක්‍රමබාහු රජුගේ වීරත්වය ප්‍රශංසා කරයි. (සැළලිහිණි සංදේශය පද්‍ය 18 සිට 20 දක්වා) ඔහු රට පාලනය කළ ජයවර්ධනපුර අගනුවර (පද්‍ය 53 සිට 58 දක්වා) පමණක් නොව පූජනීය කැලණිය නගරය ද (පද්‍ය 7 සිට 14 දක්වා) ඉහළින් ම වර්ණනා කර ඇත. ආධ්‍යාත්මිකත්වය විදහා දැක්වෙන හොඳ ම උදාහරණයක් වන්නේ කැලණි විහාරය (පද්‍ය 59 සිට 71 දක්වා) වන්දනා කරන ලෙස දූතයාගෙන් නැවත නැවතත් ඉල්ලා සිටි ආකාරය සහ විභීෂණ දෙවියන්ගේ බලය සහ මහිමය ආදරයෙන් සහ ගෞරවයෙන් ප්‍රශංසා කර ඇති ආකාරය යි (පද්‍ය 77 සිට 92 දක්වා).

සැළලිහිණි සන්දේශය පුරා ම සාමය සහ සන්සුන් බව විචිත්‍රවත් ලෙස නිරූපණය කර ඇති අතර අෂ්ටානාරි සන්දේශයේ එවැනි ගුණාංගයක් ඉහළ ලෙස සහ ස්ථාවර ලෙස නිරූපණය වන්නේ අල්ප වශයෙනි.

අෂ්ටානාරි සන්දේශයේ ස්වරය (Tone) සහ ආකල්පය (Attitude)

අෂ්ටනාරි සන්දේශයේ ස්වරය මිත්‍රශීලී, ප්‍රසන්න සහ ශුභවාදී යැ යි මම සිතමි. එය පාඨකයාගේ / අසන්නන්ගේ චිත්තවේගී හැඟීම් වැඩිදියුණු කිරීමට උපකාරී වේ. යුවතියන්ගේ තේජස ආරාධනාත්මක වන අතර පෙරහැර ගමන් කරන මාර්ගය දෙපස මවා ඇති දර්ශනය සිත් ඇදගන්නා

සුළු ය. කවියා විසින් පාඨකයා ව හැඟීම්බර නමුත් සංසුන් බවකින් යුත් ගමනක රැගෙන යයි.

කවියා තරුණ යුවතියන්ට ආමන්ත්‍රණය කරන්නේ ගෞරවයෙන් සහ කෘතඥතාවයෙනි. උදාහරණ වශයෙන්, ඔවුන් හැඳින්වීමට භාවිත කරන යෙදුම් අතර "ලිය", "ලඳ", "ලඳගනෝ", "මිතුර", සහ "නෑන" යන වචන උණුසුම්, ප්‍රශංසනීය සහ ආකර්ශණීය ආමන්ත්‍රණ වන්නේ ය. කෙසේ වෙතත් A1 පිටපතේ මෙම යුවතියනට ආමන්ත්‍රණය කරන්නේත්, යම් යම් ක්‍රියා සිදු කරන ලෙස ඉල්ලා සිටින්නේත් අමිතුරු යෙදුම් භාවිත කරමිනි. එසේ ම වෙනත් ආකල්පයකිනි. විශේෂයෙන් උදාහරණ වශයෙන් " තොපි", "යව", "යවු" සහ "කරනෙව්" යන පද භාවිත කර ඇත. A1 කවියා යුවතියන් වෙත මිත්‍රශීලි නොවන ආකල්පයක් දරන අතර එයින් විදහා දැක්වෙන්නේ ඔහුට අල්පතර ශාස්ත්‍රීය ශික්ෂණයක් තිබූ බව යි.

සැළලිහිණි සන්දේශයේ දූතයාට උසස් කුලයේ මිතුරෙකුට ආමන්ත්‍රණය කරන්නාක් මෙන් අමතන බව පෙනේ. සැළලිහිණි සන්දෙශයේ මෙම ගෞරවණීය ස්වරය කාව්‍යය පුරාවට ම පවත්වා ගෙන යන බව ද පෙනේ.

අෂ්ටනාරි සන්දේශයේ රූප කථන (Figures of speech)

රූප කථන නිර්වචනය කළ හැක්කේ වස්තූන් සහ සිදුවීම්වලට ඒවායේ වාචික අර්ථය වෙනුවට වෙනත් දෘෂ්ටිමය අර්ථයන් ලබා දෙන ස්වරූපයක් ලෙස ය. රූප කථන මගින් අදහසක් හෝ රූපයක් වඩාත් සිත්ගන්නාසුලු හා උද්‍යෝගිමත් ආකාරයකට ඉදිරිපත් කළ හැකි ය. රූප කථන භාවිතය මගින් පාඨකයාට අනපේක්ෂිත සැසඳීම් අත්විඳීමට සහ කුතුහලය දනවන වචන සම්මුතීන් හමුවීමට ඉඩ සැලසේ. ලේඛකයෙකුගේ නිර්මාණාත්මකව ප්‍රකාශ කිරීමේ හැකියාව ආලෝකමත් කිරීමට ද රූප කථන උපකාරී වේ.

රූප කථනයට උපමා (Similes) උපමා රූපක (Metaphors), අතිශයෝක්තිජනනය (Hyperboles) සහ පුද්ගලාරෝපණය (Personifications) ඇතුළත් වේ. ඒවා පැහැදිලි ව පෙනෙන රූපයට (Images) ඔබ්බෙන් සිත්ගන්නාසුලු යමක් පින්තාරු කිරීමට උදව් උපකාර වේ. ඒවා පාඨකයන්ගේ ආවේදනයන්, පූර්ව අනුභූතීන්, සන්දර්භාත්මක නිගමන සහ සබඳතා පසාරු කරගෙන ධනාත්මක ආයාචනයක් ආලේපනය කර ගැනීමට පිළිසරණ වේ.

උපමා (Similes) සහ උපමා රූපක (Metaphors)

අෂ්ටනාරි සන්දේශයේ රූප කථනවල විශේෂතා මොනවාද?

කාව්‍ය ක්ෂේත්‍රයේ කරුණු දෙකක් සංසන්දනය කිරීම සඳහා උපමා සහ උපමා රූපක භාවිත කරයි. උපමාවක් යනු "වැනි" හෝ "මෙන්" හෝ "ලෙස" යන වචන භාවිත කරමින් කරුණු දෙකක් සංසන්දනය කිරීමකි. උපමා රූපක වන්නේ "වැනි" හෝ "මෙන්" හෝ "ලෙස" යන වචන භාවිත නොකර සංසන්දනය කිරීමකි. අතිශයෝක්තියක් යනු අදහස් සංකල්ප සහ රූප විස්තාරණය කර උලුප්පා පෙන්වන රූප කථනයකි.

අෂ්ටානාරී සන්දේශය තුළ උපමා, උපමා රූපක, සහ අතිශයෝක්තිකරණ බහුල ව දක්නට ලැබේ. පහත දැක්වෙන්නේ විචිත්‍ර මනෝ රූප ඇසුරෙන් ශෘංගාර රසය ජනනය කරන උපමා සහ උපමා රූපක සඳහා කැපී පෙනෙන උදාහරණ ය.

- "සඛඳ මුව තඹර සදකැළුමෙකි සෝබන" (පද්‍යය 7). යුවතියන්ගේ මුහුණු නෙළුම් මල්වලටත් වශීකෘත සඳ එළියටත් සමාන කර ඇත.
- "ලැමද දිළි දෙකුඹු විදුලිය වෙති කොටන" (පද්‍යය 7). පියයුරු මත රැඳුණු කුම්භාකාර ආභරණ යුගලය දිලිසුණේ විදුලි කොටන්නා සේ ය.
- "බිඹුපල කියා දෙතොලට රැවටි රණ ගිරා" (පද්‍යය 11). ඔවුන්ගේ සම්පූර්ණ තොල් ඉදුණු පලතුරුවලට සමාන වූ නිසා අහිංසක ගිරවු රංචු ඒවාට රැවටුණෝ ය.
- "මැනික් කියා රැවටුනි උරඟු දෙනෙතට" (පද්‍යය 12). ඇස් මැණික්වලට සසඳයි. මැණික් මෙන් දිලිසෙන ඇස් දැකීමෙන් නාගයන් ව්‍යාකුල වේ.
- "රැවටුනු විධ දණෝ තම සුරඹ ලිය කියා" (පද්‍යය (13). කාන්තාවන් අට දෙනා දේව ගනන්ට සසඳයි. දේව ගනන් මෙන් පෙනෙන කාන්තාවන් දැක පිරිමි රැවටෙති.
- "ලිහිණිය රැවටුනා වෙනි තන මඩල දැක" (පද්‍යය 14). ඔවුන්ගේ පියයුරු ලිහිණියා පක්ෂීන්ට සමාන කර ඇත. ලිහිණියන් ඔවුන්ගේ වර්ග දෙකක් ලෙස වරදවා වටහාගෙන පියයුරු දැකීමෙන් රැවටේ.
- "නිල් වරලෙසට රැවටුනු කින්ද බකමූනු" (පද්‍යය 15). හිසකෙස්වල වර්ණය (කාන්තාවන්ගේ) බකමූණන්ගේ පිහාටුවලට සමාන වේ. බකමූණෝ ඔවුන්ගේ කළු හිසකෙස් දැකීමෙන් ව්‍යාකුල වෙති.

- "නිල් මේකුලෙව් වරලස උනමින් දිගට" (පද්‍යය 46). ඔවුන්ගේ කළු හිසකෙස් වැහි වලාකුළකට සමාන වේ.

සැළලිහිණි සන්දේශය උපමා සහ රූපක සඳහා ඉතාමත් ප්‍රසිද්ධ ය.

- "බිතු සිතුවම් රූ මෙන් පිටු නොපා විති" (පද්‍යය 4). දුකේදීවත් සතුටකදීවත් නොහැර යන බිතුසිතුවම් වැනි මිතුරෝ සිටිති.
- "රැඳී රළ රළැති හොයා දියවන්නා නමැති, ඇඳිපුර අඟන පට සළු සිරි රැපැයි තිනි" (පද්‍යය 8). ජයවර්ධනපුර නගරය හරහා නිශ්ශබ්ද ව ගලා බසින දියවන්නා ඔය රූමත් කාන්තාවක් වටා එතුණු පට පලුවක් වැනි ඇඳුමක් බඳු ය.
- "තර කළ විසල් වාසල් යතුරු මෙනුවර, බැඳ හළ රුවන් තන පට කියෙලිය පවුර" (පද්‍යය 9). ජයවර්ධනපුර නගරය වටා ඇති පවුර තරුණියක් පියයුරු වසා ගැනීමට පැළඳි සිටිනා මැණික් ඔබ්බවන ලද රන් ඇඳුමකට සමාන යි.
- "සිරිමත් සුපුන් සඳ වැනි වූවන මනහර" (පද්‍යය 64). ආකර්ශනීය මුහුණ සුන්දර පූර්ණ චන්ද්‍රයා වැනි ය.

සංදේශ දෙකෙන් ම හමු වූ මෙම උදාහරණ යථාර්ථය විස්තාරණයට නැංවූ අතිශයෝක්ති ද වන්නේ ය.

ශෘංගාර රසය

අෂ්ටානාරී සන්දේශයේ තරුණ තරුණියන් සරාගී ලෙස බැලුම් හෙළූ ආකාරය සඳහන් කරමින් සෘංගාර රසය මතු කරවන උදාහරණ තිබේ. 46 වැනි පද්‍යය එවැනි නිර්ලෝභී උදාහරණයකිඃ

නිල මෙකුලෙව් වරලස උනමින් දිග	ට
අල්මේ සිතින් සලෙලුන් දෙස විටින් වි	ට
බැලුන් ලමින් සිටි ඒ වරගණන් හ	ට
බැලුම් එවොත් බඹසරවත් කැඩෙයි දු	ට

එයින් අදහස් වන්නේ වැහි වලාකුළක් බඳු වූ, කඩා හැලෙන හිසකෙස් ඇති උතුම් වූ තරුණියන් වරින් වර තරුණයන් දෙස ඉඟි කරමින් බලමින් සිටි නමුත් ඔවුන්ගේ බැල්ම නැවත ආපසු යොමු කළහොත් එම තරුණයන්ගේ බ්‍රහ්මචර්යාව පවා බිඳී යනු ඇති බව ය.

නැගම ගම්මානයේ වෙල්යායේ සහ වෙළඳ පොළෙහි ගැවසුනු මුස්ලිම් කාන්තාවන්ගේ අලංකාරය වර්ණනා කිරීමට කවියාට යම් ආදරබර (පෞද්ගලික) නැඹුරුවක් තිබූ බව පහත පද්‍යයෙන් (95) පෙන්වයි.

දුල් පුල් මල් පියුම් පෙති බඳ මුතු බහ ණ
මල් තැලි දෙකුඹු මුතු ගෝබර පෙති සේ ණ
නිල් පුල් මල් දෙනෙත් බැම තුරු යුග පා ණ
සල් පිල් වල සිටිණ යොන් ලිය අසමා ණ

එයින් අදහස් වන්නේ නිල් මානෙල් වැනි ඇස් ඇති, අලංකාර ආභරණ පැළඳ වෙළඳ පොළෙහි සිටින මුස්ලිම් තරුණ තරුණියන් අසමසම විශිෂ්ට රූපලාවන්‍යයකින් යුක්ත වන බව ය.

සැළලිහිණි සන්දේශය එහි ශෘංගාර රසයේ අලංකාරය සඳහා ඉතාමත් ප්‍රසිද්ධ ය. ජයවර්ධනපුර ස්ත්‍රීන් ගැන සඳහන් වන 13 වන පද්‍යය ඔවුන්ගේ අසිරිමත් සුන්දරත්වයේ ප්‍රතිරූපයක් මතු කරයි.

සිසි වන වූවන ඉඟසුඟ ගත හැකි මිටි න
නිසි පුළුලුකුල රිය සක යුරු තිසර ත න
දිසි රණ ලියෙව් රුසිරි යුත් මෙ පුරඟ න
ඇසි පිය හෙළන පමණින් නොවෙති දෙවඟ න

රාජකීය මාලිගාවේ නටන කාන්තාවන් විස්තර කරමින්, කතුවරයා ඔවුන්ගේ තේජස, ඇඳුම් පැළඳුම් සහ පෙනුම පිළිබඳ අමතක නොවන රූපයක් නිර්මාණය කර ඇත (පද්‍යය 74).

විදෙන ලෙළෙන නරුබර පුළුලුකුළ රැ දී
හෙළන නගන අත නුවනග බැලුම් දි දී
රුවින දිලෙන අබරණ කැලුම ගත යෙ දී
සැලෙන පහන සිළු වැනි රඟන ලිය සැ දී

කැලණි ගඟේ දිය නෑමට යන කාන්තාවන්ගේ අලංකාර රූපයක් 47 පද්‍යයෙන් නිර්මාණය වේ.

නුවනින් නිල උපුල් මද හසිනි හෙළැඹු ල
වුවනින් කමල් පෑ ලවනනිනි රතු පු ල
පවනින් අඹල රත ලිය වන් ලියන් කැ ල
රුවනින් ලකළ ගඟ දිය කෙල නුමුණු ක ල

කාන්තාවන්ගේ ඇස් නිල් මානෙල් මල්වලටත්, ප්‍රසන්න සිනහව සුදු මානෙල්වලටත්, මුහුණු නෙළුම් මල්වලටත්, තොල් රතු මානෙල් මල්වලටත්, සියලු ම කාන්තාවන් සෞම්‍ය සුළඟට සැලෙන රන් වැල්වලටත් උපමා කර ඇත. කවියා දක්ෂ ලෙස ශ්‍රාවකයාගේ මනසෙහි විචිත්‍ර රූපයක් සිත්තම් කරයි.

මෙම උපමා සහ උපමා රූපක සමහරක් අෂ්ටනාරි සන්දේශය විසින් අනුකරණය කරනු ලැබ ඇත.

අෂ්ටනාරි සන්දේශයේ දූත වර්ණනාවේ දසුන්

අෂ්ටනාරි සන්දේශය එම සන්දේශය රැගෙන යන තරුණියන් අට දෙනාගේ කණ්ඩායම පිළිබඳ ඉහළ ගණයේ වර්ණනාවක් නිර්මාණය කර ඇත. එම වර්ණනාව සුවිශේෂ ය යි මම සිතමි. එනිසා විශේෂ අගය කිරීමක් සඳහා මෙම දූත වර්ණනාව තෝරා ගැනීමට කැමැත්තෙමි. දූත යුවතියන් අට දෙනාගේ අලංකාර රූප, සිත් ඇදගන්නා සිනහව, ආකර්ෂණීය ගමන, විසිතුරු ඇඳුම් සහ දිලිසෙන ආභරණ යනාදිය වර්ණනා කිරීම සඳහා කවියා විශාල ආයාසයක් දක්වා ඇති බව පෙනේ.

පාඨකයන් වශී කරවන පරිදි කාන්තා රූපයේ කායික ලාලිත්‍යය බෙහෙවින් පැසසුමට ලක් වේ. කවියා පාඨක මනසෙහි ඔවුන්ගේ මුහුණ පුර සඳට ("පුන් සඳ" පද්‍යය 8) සසඳමින් ද, තවත් අවස්ථාවක පිපෙන නෙළුම් මලකට ද ("මුව තඹර" - පද්‍යය 102 හා "රතඹර පෙති මුව" පද්‍යය 59) සමාන කර ඇත. අවස්ථා කිහිපයක දී ම කවියා ඔවුන්ගේ කළු කෙස් කළඹ මල්වලින් සරසා ඇති ආකාරය අගය කරයි ("දිගු වරල බැඳි මල් රේණු යොමා" - පද්‍යය 22, "නිල්ලා දිගු වරල බැඳි මල් කොඳ සොදුර" - පද්‍යය 23, සහ "පීරා නිල් වරල බැඳිමල් සේ සොඹණ" - පද්‍යය 83). ඔවුන්ගේ නළල අඩ සඳට සමාන කර ඇත. ("පටු නලල අඩ සඳ" - පද්‍යය 73) ඔවුන්ගේ ඇස් නිල් මැණික්වලට ("රතු නිල මිණි දෙනත" - පද්‍යය 6 හා "නිල්පුල්මල් දෙනෙත්" පද්‍යය 95) සංසන්දනය කර ඇත. ඔවුන්ගේ දත් දිලිසෙන මුතු දෙපලකට සමාන කර ඇත ("මුතු දල දෙපෙළ දිළි" පද්‍යය 6) හා ඔවුන්ගේ බෙල්ල මොනරෙකුටද ("සිකිනිදු වර බෙල්ල" - පද්‍යය 11 හා "සිකිනිඳු කර" - පද්‍යය 70) සමාන කර ඇත. පියයුරු සම්පූර්ණ සහ වටකුරු භාජන මෙන් පෙනෙන අතර ඒවා නිර්මාණය කර ඇත්තේ උත්තරීතර දෙවියා විසින් බව ආකර්ශනයෙන් සඳහන් කරයි (" කුඹා පියයුරු බඹා ඇඹුව" - පද්‍යය 42). තොල් යනු සරාගී හැඟීම් අවුස්සන ඉදුණු පලතුරු මෙන් ("බිඹුපල කියා දෙතොලට" - පද්‍යය 11) යයි සංසන්දනය කරයි.

ඔවුන්ගේ තේජාන්විත සක්මන් ගමන ඇතෙකුගේ ගමනට සමාන කරන ("සක්මන ගමණ කුඹු ලෙල දෙන තුමාගේ" – පද්‍යය 5) අතර ඔවුන්ගේ සිනාව ද ඉතාමත් ආකර්ශනීය බව සඳහන් කරයි. ඔවුන් දිලිසෙන ස්වර්ණාභරණ සහ පිරිසිදු මුතු පැළඳ සිටින බව සහ මිල අධික සේද රෙදි පැළඳ සිටි බව පෙන්නා දේ ("කසුන් වත් හැඳ සැරසී සොබණ" - පද්‍යය 16). ඔවුන්ගේ සිහින් ඉණ දුනු දණ්ඩක් මෙන් දිස් වෙන බව (" රන් රද දුනු මිටෙක තුණු ඉගලා සළුව" - පද්‍යය 8) සඳහන් කරයි.

මඟ දිගේ සිටින නරඹන්නන් මෙම මනා සුන්දරත්වයකින් යුත් සරාගී හැඩරුව ඇති පණිවිඩකාර යුවතියන්ගේ දර්ශනයෙන් ආකර්ෂණය වන බව සහ අමන්දානන්දයට ලක් වන බව පෙන්වා දේ.

රිද්මය (Rhythm)

රිද්මය යනු කාව්‍යයේ ඇතැම් වචනවලට විරාම හෝ ආතති හඳුන්වා දීමෙන් නිර්මාණය වන ශ්‍රවණ රටාවක් හෝ ප්‍රයෝගයකි. අෂ්ටනාරි සන්දේශය එවැනි රිද්ම බහුල ව හා සුසංයෝගයෙන් භාවිත කර ඇත. පද්‍යය 4, 20, 35, 39 50 සහ 119 ඒ සඳහා කැපී පෙනෙන උදාහරණ කිහිපයකි. විශේෂයෙන්, 35, 39 සහ 119 වැනි පද්‍ය කෙරෙහි අවධානය යොමු කරවීමට මම කැමැත්තෙමි, එහි දී කැපී පෙනෙන රිද්මයන් සංකලනය වන්නේ ආරම්භක රිද්මය, අභ්‍යන්තර රිද්මය සහ අවසාන රිද්මය වශයෙන් අවධාරණය කිරීමෙනි. ඒවා මගින් ප්‍රමාණවත් භාෂාමය රටාවන් සහ ශබ්ද රටාවන් සපයන අතර එමඟින් කවිවලට සංගීතමය තනුවක් ද සපයා දී ඇත.

නිල්ලා වත සොම්පුල්ලා ලඳ ලැම තුල තැල් ල
තෙල්ලා ඉස පැටලිල්ලා වරලෙස ගැවසිල් ල
නිල්ලා වත රැලි අල්ලා රණ හන්ෂ නෑවිල් ල
වැල්ලා ගල දැක පල්ලා මිතුරේ පුරණල් ල

රැල්ලලා සළුව සිහිනිඟට තිල්ල ලා
තැල්ලලා බැඳපු නිල් වරල එල්ල ලා
බෙල්ලලා එරණ් දඹ කරට තැලල් ලා
සොල්ලලා කතුන් එති දෙකුඹු සොල්ල ලා

නිල්ල ජල රැල්ල පිරි සුදු නැලවිල් ල
වැල්ල සිසි ලැල්ල රතඹර ඔළු ගොල් ල

ලොල්ල සොමි පුල්ල ඔපලඳ කොද නිල් ල
දුල්ල පුරණල්ල පරසිඳු උල ගල් ල

මෙම නිදසුන් කවියාගේ භාෂා ප්‍රවීණතාව සහ රචනා කිරීමේ හැකියාව පෙන්නුම් කරයි.

සැළලිහිණි සන්දේශය ආයාසයෙන් තොර රිද්මයන්ගෙන් පිරී ඇත. ඒවා මගින් විශිෂ්ට අර්ථ නිරූපනය කිරීමකට ද සමත් වී තිබේ. පහත සඳහන් පද්‍ය ඒවාට උදාහරණ වේ (පද්‍යය 53 සහ 63).

පැහැ සරණිය මිනි පැමිණිය කොත් අග ට
බඳ කිකිණිය දද ගිගිනිය විමන් ව ට
නොව පැරණිය වන රමණිය විටින් වි ට
සැළලිහිණිය වඩු කැලණිය පුරවර ට

පෙර උවිඳා ගෙන ගිරිඳා සිඳු සල ත
නැගී පැහැදා පෙන සමුදා සැටි දිමු ත
මෙන උළිඳා පැහැ විහිදා නෙ දිගු බි ත
සැදී වටදා ගෙයි වඬු දා ගැබ දිමු ත

පුද්ගලාරෝපණය (Personifications)

පුද්ගලාරෝපණය යනු මනුෂ්‍ය නොවන හෝ අජීවී වස්තූන් හෝ සිදුවීම් සඳහා මානව ලක්ෂණ ආරෝපණය කර සජීවිකරණය කරන සාහිත්‍ය උපකරණයකි. එමගින් චලනය නොවන වස්තූන් හෝ විෂයයන් සඳහා ජීවය, ශක්තිය සහ සජීවි භාවය කාව්‍ය සංදර්භය තුළින් ලබා දේ.

අෂ්ටානාරී සන්දේශයේ පුද්ගලාරෝපිත උදාහරණ අතර "ලකකත" (පද්‍යය 2) සහ "ලකඟන" (පද්‍යය 58) සඳහන් කළ හැකි ය. මෙම අවස්ථා දෙකේ දී ම ලංකාව කාන්තාවක් ලෙස පුද්ගලාරෝපණය කර ඇත, " විදුලිය මුකුළු කර" (පද්‍යය 18) යෙදීමෙන් අකුණු පුද්ගලාරෝපණය කර ඇත්තේ ආලවන්ත හැඟීම් පානා මිනිස් ක්‍රියාවක් ලෙස ය. "පෙති යුවල" (පද්‍යය 84) පෙති දෙකක් මිනිස් යුවලකට සසඳා ඇත, "නිල්ල ජල රැල්ල පිරි සුදු නැලවිල්ල" (පද්‍යය 119) යන පදය මගින් උලගල්ල ජලාශයේ මෘදු තරංග පුද්ගලාරෝපණය කර ඇත. එනම් ළදරුවකු තොටිල්ලක නැළවෙන නැළවිලි ගීතයක් සේ තරංග නැළවෙන බව ය.

ඇත්ත වශයෙන් ම අෂ්ටානාරී සන්දේශ කවියා පුද්ගලාරෝපණය අවම වශයෙන් භාවිත කර ඇත. ඔහුට ඔහුගේ කාව්‍යයට ජීවයක් එක් කිරීම සඳහා පුද්ගලාරෝපණය යොදා ගැනීමේ හැකියාව හෝ අවබෝධය අවම වශයෙන් සතු වන්නට ඇත.

භාෂා රටාවන් සහ සංස්කෘතික විචලනය

මීට ඉහත සඳහන් කර ඇති පරිදි, සම්භාව්‍ය කාව්‍යයයන් හුදෙක් ප්‍රදර්ශනය කරන්නේ එවායේ ඇති උසස් කාව්‍යමය ගුණාත්මක භාවය සහ පාඨක මනසෙහි දිගු කාලයක් රැඳී සිටීමේ හැකියාව යන ප්‍රධාන අංගයන් ය. කාව්‍යයයේ සම්භාව්‍ය ස්වභාවය නිර්වචනය කිරීම සඳහා විචල්‍යයන් කිහිපයක් යම් හෝ වෙනත් ආකාරයකින් දායක විය හැකි ය, නිදසුනක් ලෙස, කවියාගේ නිපුණතාව, භාෂාව හැසිරවීමේ ප්‍රවීණත්වය සහ කාව්‍යය බිහිවූ සමාජ හා සංස්කෘතික පදනමේ පොහොසත්කම යනාදිය පෙන්වා දිය හැකි ය. අෂ්ටනාරි සන්දේශය හා සැළලිහිණි සන්දේශය එකිනෙකට වෙනස් යුග දෙකක් සහ සංස්කෘතික පසුබිම් දෙකක් නියෝජනය කරන භාෂා ශෛල්‍යයන් දෙකක් නියෝජනය කරන්නේ ය.

අෂ්ටනාරි සන්දේශය මෙම විචල්‍යයන්ගේ තරමක් අවාසි සහගත පසුබිමක නිර්මාණය වූ නිසා එය දිගු කලක් පාඨකයන්ගේ මතකයේ රදා සිටීමේ හැකියාව ඉහළ මට්ටමක පවත්වා ගැනීමට අපොහොසත් වූයේ ය. එහි භාෂාව හැසිරවීම දිගුකාලීන මතකයට ආයාචනා කිරීමට තරම් පොහොසත් නොවී ය. ඊට අමතර ව, කාව්‍යය නිර්මාණය වී තිබුණේ විචිත්‍ර නොවන ග්‍රාමීය සමාජ පරිසරයක් තුළ වන අතර කවියාගේ භාෂා ප්‍රවීණතාව දිගු කාලයක් මතකයේ පැවතිය හැකි තරම් සම්භාව්‍ය නොවී ය.

අෂ්ටනාරි සන්දේශයේ බොහෝ වචන සහ භාවිතය නියෝජනය කරන්නේ එහි අර්ථ පාඨකයාට පහසුවෙන් තේරුම්ගත නොහැකි අන්දමට ය, මන්ද එම ලේඛන සහ භාෂා ශෛලිය අමතක වූ යුගයක් නියෝජනය කරන ලද බැවිනි. මෙම සන්දේශයේ දිගු පැවැත්ම අර්ධ වශයෙන් හෝ තීරණය කර තිබුණේ සරාගී යුවතියන් පිරිසක් පණිවිඩකරුවන් ලෙස තෝරා ගැනීම නිසා හා මෙම කාව්‍යයට වශී වූවන් එය නැවත නැවත පුස්කොළ අත්පිටපත්වලට පිටපත් කර සංරක්ෂණය කිරීමට තීරණය කරන ලද නිසා ය.

කවියාගේ කුසලතා සහ පසුබිම

අෂ්ටානාරී සන්දෙසයේ කවියා මැටිඹළුවේ උපන් බව පැහැදිලි ය. ඔහුට බෙර වාදනය, සම්ප්‍රදායික නැටුම්, ජ්‍යෝතිෂය සහ සංස්කෘත සහ පාලි භාෂා පිළිබඳ දැනුමක් තිබුණි. ඔහු සිල්පාධිපති වංශයේ කෙනෙක් බව ද පෙනේ. මෙම කාව්‍යය නිර්මාණය කළ කවියා හෝ වෙන පිටපත් කිහිපයක් නිර්මාණය කළ අනෙක් කවියන් නියෝජනය කරන්නේ එක ම වංශය ද විය හැකි ය. එසේ නොමැති නම් මුල් පිටපත කියවීමෙන් පසු පැහැදීමෙන් කවි එකතු කළ අනෙකුත් කවියන් පිරිසක් මගින් විය හැකි ය.

මුල් කවියා විය හැකි මැටිඹළුවේ සිල්පාධිපති කවියා සන්දේශ කාව්‍ය නිර්මාණය කිරීමට පෙළඹුණේ හෝ පසුබිම සැකසුණේ කෙසේ ද යන්න අපැහැදිලි ය. අනෙක් සියලු ම සම්භාව්‍ය කවියන් තම අධ්‍යාපනය සඳහා ප්‍රධාන පිරිවෙන් වැනි ශාස්ත්‍රීය ආයතන සමඟ සම්බන්ධ වී සිටි බව පෙනේ. ශාස්ත්‍රීය ගුරුවරුන් හෝ භික්ෂූන් වහන්සේලාගේ මඟපෙන්වීම යටතේ ඔවුහු කටයුතු කළහ. පූජ්‍ය ශ්‍රී රාහුල හිමියන්ගේ පසුබිම ඊට නිදසුනකි. සිල්පාධිපති එවැනි අධ්‍යයන ආයතනයක අධ්‍යාපනය හැදෑරුවේ යැ යි සිතිය නොහැකි ය. ඔහු අවිධිමත් අධ්‍යාපනයේ නිෂ්පාදනයක් වූ අතර එමඟින් ඔහු තම පරම්පරාවේ සහ උරුමයේ සාම්ප්‍රදායික ජේරුව තුළ විශිෂ්ට නිර්මාණයක් වී ඇත. ඔහුගේ උරුමයේ ආභාසය නිසා කලාවට සහ ශිල්පයට ඔහු අනාවරණය වන්නට ඇත. වෙනත් සෞන්දර්ය විෂයයන් පිළිබඳ කුසලතා දියුණුකර ගැනීමට ඔහුට නිරායාසයෙන් අවස්ථාව ලැබෙන්නට ඇත. තොටගමුවේ ශ්‍රී රාහුල හිමි වැනි කවියන්ගේ හා විද්වතුන්ගේ ආභාසය ඔහුට ලැබිය හැකි ව තිබුණි. ඒ නිසා ඔහු එවැනි මහා පණ්ඩිත චරිතයක් ආදර්ශයට ගෙන අනුකරණය කරන්නට පෙළඹුනා විය හැකි ය.

මුල් අෂ්ටානාරී සන්දේශය රචනා කළ මෙම කවියා සම්භාව්‍ය සිංහල භාෂාව පිළිබඳ යම් ප්‍රවීණත්වයක්, සම්භාව්‍ය සාහිත්‍යය සහ කාව්‍ය පිළිබඳ දැනුමක් ඇති නිර්මාණශීලී පුද්ගලයකු වූ බව මම විශ්වාස කරමි. සිංහල භාෂාවේ සුවිශේෂී ශෛලීන් සහ රිද්මයානුකූල ගුණාංග උපයෝගී කර ගනිමින් ශ්‍රාවකයින් තුළ සුවිශේෂ මනෝ රූප සහ හැඟීම් මතු කිරීමට ඔහුට මෙම ශ්‍රවණ මාධ්‍යයේ සියුම් ස්වභාවය අවබෝධ කර ගැනීමේ හැකියාව තිබූ බව මම නිරීක්ෂණය කළෙමි. ඔහුට මෙම හැකියාව නිරායාසයෙන් ම ඔහුගේ පසුබිමෙන් උරුම වූවා විය හැකි ය.

මෙම කවියා හෝ ඔහුගේ පියා හෝ ඔවුන්ගේ මුල් පරම්පරාවේ අයකු මුණ්ඩකොණ්ඩපොළ රාජධානියට දැක්වූ අතිවිශාල සේවයේ ප්‍රවීණත්වය සහ දායකත්වය අගයනු වස් රජු විසින් සිල්පාධිපති යන නම්බු නාමයෙන් පිදුම් දෙන්නට ඇත. මෙම සම්මානය "සකලකලා වල්ලභ" (සියලු සම්භාව්‍ය කලා විෂයයන් පිළිබඳ ප්‍රධානියා) වැනි ඓතිහාසික ගෞරව නාමයකට සමාන වූවක් විය හැකි ය. අවසානයේ දී මෙම කවියා ඔහු විසින් ම තමා එකල විසූ ප්‍රවීණ හා කීර්තිමත් කවියකු බව ප්‍රකාශ කිරීමට තරම් බොහෝ ධෛර්යයක් සහ ස්වයං අභිමානයක් ඇති පුද්ගලයකු විය ("දැක දස දිත පතල කල කිවිවර විපුල" - පද්‍යය 1).

කතුවරයා ඔහුගේ වෘත්තීය ප්‍රජා පසුබිම සනාථ කරන "තකදොන්" වැනි බෙර වාදන පද කිහිපයක් (පද්‍යය 66 සහ 80) ස්වාභාවික ව නිරායාශයෙන් භාවිත කර ඇති බව ද පැහැදිලි ය. දෙමළ භාෂාව පිළිබඳ ඔහුගේ හුරුව ද මෙම කාව්‍යයේ පිළිබිඹු කරයි. අෂ්ටනාරි සන්දේශයේ දෙමළ භාෂා ආභාසය ඇති සමහර වචන වන්නේ "සොම්පුල්ලා" (පද්‍යය 35 72 105) "පුරණල්ලේ" (පද්‍යය 113) "පුරණල්ල" (පද්‍යය 119) "මුරුක්කු, පෙරුක්කු සහ කරුක්කු" (පද්‍යය 125) යනාදිය යි. මෙම කරුණුවලින් මෙම කවියා දකුණු ඉන්දීය සම්භවයක් ඇති පුද්ගලයකු විය හැකි බවට ඇති මාගේ සංකල්පය සනාථ කිරීමට ඉඟි ලැබේ.

8 වන පරිච්ඡේදය:

සමාප්ති සටහන

අෂ්ටානාරි සන්දේශය යනු මහනුවර රාජධානියේ මුල් සමයේ සත් කෝරළයේ (කුරුණෑගල දිස්ත්‍රික්කයේ) මැටිඔළුව ගම්මානයේ විසූ කවියකු විසින් ලියන ලද අප්‍රකට සන්දේශ කාව්‍යයකි. මෙම සන්දේශයේ අරමුණ වූයේ උලගල්ල දිසාවට සෙත් පැතීමටත් ඔහුට අහිමි වූ ඉඩම් සහ රටතොට නැවත ලබා ගැනීමට හැකි වන පරිදි දෙවියන්ගේ ආශිර්වාදය ලබා ගැනීමටත් ය.

මෙම සන්දේශය රැගෙන යුවතියන් අට දෙනෙකු දූතයන් හැටියට කවියාගේ ගම්මානය වන මැටිඔළුව ගම්මානයට යාබදව පිහිටි නාථගනේ සිට දළ වශයෙන් කිලෝමීටර් සියයක් පමණ දුර ගෙවා අනුරාධපුර දිස්ත්‍රික්කයේ උලගල්ල දිසාවගේ මන්දිරය සමීපයේ පිහිටි ගැටුලාගන් විහාරයට සම්ප්‍රාප්ත විය.

අනාවරණය සහ ඉදිරිපත් කිරීම

මෙම අෂ්ටනාරී සන්දේශය පුස්කොළ පොත් සහ අත්පිටපත් කීපයක සටහන් කර තිබුණි. එම සියලු අත්පිටපත් එක්රාශි කර සමාලෝචනයකට භාජනය කිරීමෙන් අනතුරු ව මෙම ප්‍රකාශනයට ගොනු කරන ලදි. මෙම ප්‍රයත්නය නිසා මෙම අෂ්ටනාරී සන්දේශයේ විශ්වසනීය පිටපතක් ශාස්ත්‍රීය වශයෙන් නිරාවරණය කර ගැනීමට හැකි විය. මෙම ප්‍රකාශනය මෙම සන්දේශයේ නව සන්ධිස්ථානයක් යයි මම සිතමි. එය ශ්‍රී ලාංකික සහ ජාත්‍යන්තර ප්‍රේක්ෂකයින් වෙත අගය කිරීම සඳහාත් සහ රස විඳීම සඳහාත් හා සංරක්ෂණය කිරීම සඳහාත් මෙම ප්‍රකාශනය මගින් ඉදිරිපත් කරනු ලැබේ.

අෂ්ටනාරි සන්දේශයට හිමි වූ අසාධාරණය

මෙම සන්දේශය පැහැදිලිව ම විද්වතුන් විසින් සාහිත්‍යමය ගුණාත්මක භාවයෙන් විරල බව පවසමින් කණිෂ්ඨ සන්දේශ ගණයට ඇතුළත් කර ඇත. එය වන්දනා කාව්‍යයක් ලෙස ද වර්ග කර තිබේ. කෙසේ වෙතත් අෂ්ටානාරි සන්දේශයේ මෙම ගොනු කළ පිටපත විද්වතුන් විසින් සම්පූර්ණයෙන්ම ප්‍රවේශ වී ඇගයීමකට ලක් කර නොමැති බව විශ්වාස ලෙස ප්‍රකාශ කළ හැකි ය. මෙම සන්දේශය ගැන විද්වතුන් මේ වන තුරු සටහන් කර තිබුනේ ද්විතීය හෝ තෘතීයික මූලාශ්‍රය පදනම් කර ගනිමිනි.

කෝට්ටේ යුගයෙන් පසු බිහි වූ සන්දේශ කාව්‍ය සියල්ල ම ද්විතීය හෝ කණිෂ්ඨ ගණයට ඇතුළත් කිරීම නිසා පසු අවදිවල ලියවුණු කාව්‍යවල සැඟවුණු ගුණ සෙවීමට විද්වතුන් අධෛර්යමත් කර තිබේ යයි මම විශ්වාස කරමි. අෂ්ටානාරි සන්දේශය වන්දනා කාව්‍යයක් ලෙස මුද්‍රාවක් තැබූ සන්නස්ගල (1964) පවා මෙම සන්දේශයේ සාහිත්‍යමය වටිනාකමක් නැති කෙටි පිටපතක් පමණක් ඇසුරු කර ඇති බව පෙනේ. මෙම සන්දේශය සම්භාව්‍ය සන්දේශ ආකෘතිය අනුගමනය කර තිබුණත් ඒ බව පැහැදිලිව ම නොසලකා සන්නස්ගල මෙය වන්දනා කාව්‍යයක් ලෙස නම් කර ඇත. කෙසේ වෙතත් Hugh Nevill අවම වශයෙන් ඓතිහාසික හා සම්ප්‍රදායික දෘෂ්ටි කෝණයෙන් බලමින් මෙම සන්දේශය සැලකිය යුතු සන්දේශ කාව්‍යයක් හැටියට ගෞරවයක් දක්වා ඇති බව පෙනේ. අෂ්ටනාරි සන්දේශය වන්දනා කාව්‍යයක් නොවන බව මම තරයේ ප්‍රකාශ කරමි.

සාහිත්‍යමය වටිනාකම

මෙම සන්දේශය පිළිබඳ සාහිත්‍ය ඇගයීමක් පාඨකයන්ගේ ප්‍රයෝජනය සඳහා මා විසින් ඉටු කරන ලදි. එහි පුළුල් විෂය පථය අවබෝධ කර ගැනීමට ප්‍රේක්ෂකයන්ට ආධාර කිරීම සඳහා එම ප්‍රයත්නය දියත් කරන ලදි. මීට අමතර ව වඩාත් දියුණු කෘති අතර මෙම කෘතියට හිමි වන ස්ථානය පිළිබඳ අදහසක් ලබා ගැනීම සඳහා මෙම සන්දේශය සැළලිහිණි සන්දේශය සමඟ කෙටි සංසන්දනයකට ද ලක් කරන ලදි.

මගේ ඇගයීම අනුව අෂ්ටනාරි සන්දේශයේ කවියාට සම්භාව්‍ය සිංහල භාෂාව පිළිබඳ යම් මට්ටමක විශේෂඥ දැනුමක් සහ සම්භාව්‍ය ශ්‍රී ලාංකීය සාහිත්‍ය පිළිබඳ දැනුමක් ද තිබූ බව මම විශ්වාස කරමි. කාලිදාස විසින් රචිත මේඝදූතයේ සිට බොහෝ කවියන් අනුගමනය කළ පරිදි මෙම කවියා ද සම්භාව්‍ය ආකෘතීන් අනුකරණය කිරීමට හෝ අනුකරණය කිරීමට

පෙළඹුණු බවට සැකයක් නැත. සැළලිහිණි සන්දේශය මෙම නිහතමානී කවියාගේ මනෝ රූප ප්‍රතිමාව වී ඇති බව පැහැදිලි ය.

මෙම කවියා ග්‍රාමීය පරිසරයේ හැදී වැඩුණු සාම්ප්‍රදායික කලා ශිල්ප පසුබිමක් ඇති උගතකු බව පිළිගැනීම සාධාරණ ය. ඔහු එකල උසස් අධ්‍යාපන ආයතනයකින් විධිමත් අධ්‍යාපනයක් ලබා ඇති බව නොපෙනේ. ඔහුට මඟ පෙන්වීම සඳහා විද්වතුන් හෝ සම්භාව්‍ය ගුරුවරුන් සිටි බව සනාථ කිරීමට කිසිදු වාර්තාවක් නොමැත. කෙසේ වෙතත්, ඔහු මැටිඹලුවේ කීර්තිමත් සිල්පාධිපති වංශයෙන් පැවත එන්නකු හැටියට හොඳ සම්භවයක් ඇත්තෙකි.

මෙම කවියා මේ කාව්‍යය රචනා කළේ හුදෙක් උලගල්ල දිසාවගෙන් ලැබුණ ආරාධනාවකට අනුව යි. ඊට හාත්පසින් ම වෙනස් ව තොටගමුවේ ශ්‍රී රාහුල හිමියන් විසින් රාජකීය ප්‍රාර්ථනාවක් ඉටු කර ගැනීම සඳහා පූර්ණ කැපවීමෙන් සැළලිහිණි සන්දේශය රචනා කරන ලද්දේ ය. ඔහුට උලකුඩය දේවියට පෞද්ගලික ඥාති සම්බන්ධතාවක් ද තිබුණ නිසා සැළලිහිණි සන්දේශය රචනා කිරීමට අභ්‍යන්තර පෙළඹවීමක් සහ සහජ ආශාවක් ද තිබුණේ ය.

කෙසේ වෙතත් අෂ්ටනාරි සන්දේශය කාව්‍ය කෘතියක් නිසා එය එම පරාසයෙන් ම අගය කිරීමකට ලක් විය යුතු ය. එසේම වෙනත් කාව්‍ය නිර්මාණ අතර මෙම සන්දේශයට හිමි වන ස්ථානය පිළිබඳ විමසා බැලීම ද වටිනා බව පෙනී ගියේ ය.

යම් අවාසි සහගත පසුබිමක් තිබියදීත් අෂ්ටානාරී සන්දේශයේ කවියාට නිර්මාණශීලීත්වයක් සහ කාව්‍යමය තීක්ෂ්ණ බුද්ධියක් තිබූ බව පෙනෙන්නට තිබුණි. කාව්‍යයක් යනු භාෂාවක සුවිශේෂී ශෛලීන් සහ රිද්මයානුකූල හැකියාවන් උපයෝගී කර ගනිමින් වේදනාශීලී විෂයයක් පිළිබඳ සංවේදී හැඟීම් සහ අර්ථ ජනනය කරීමට භාවිත කරන ශ්‍රවණ මාධ්‍යයකි. කාව්‍යයයන් ශ්‍රවණය ඇසුරෙන් පමනක් පාඨකයන් තුළ විචිත්‍රවත් පරිකල්පනයන්, සංවේදී හැඟීම් සහ අර්ථයන් ජනනය කිරීමට ප්‍රබල හැකියාවක් ප්‍රදර්ශනය කළ යුතු ය. වෙනත් වචනවලින් කිවහොත්, කාව්‍යය යනු කනෙන් ඇසීමෙන් පසු මනසින් දෘශ්‍යමාන ගොඩනැගීමටත් සහ අර්ථකථනය ජනනය කිරීමටත් ඉඩ හරින මාධ්‍යයකි. කාව්‍ය සම්ප්‍රදායේ සහ එම ආකෘතියේ මෙම සියුම් ස්වභාවය වටහා ගෙන කාව්‍ය නිර්මාණය කිරීමේ හැකියාව මෙම කවියා තුළ පරිපූර්ණ වශයෙන් තිබූ බව මම නිරීක්ෂණය කළෙමි.

මෙම කවියා විදග්ධ බවක් පෙන්වී ය. ඔහුගේ ස්වරය සන්සුන් උපශාන්ත සහ මිත්‍රශීලී විය. කවියා රිද්මයානුකූල භාෂාවක් භාවිත කරමින් වාගාලංකාර අංග උපයෝග කරගනිමින් කාව්‍යය පුරාවම ශෘංගාර සහ ආධ්‍යාත්මික රසයන් ඉස්මතු කිරීමට සමත් විය. පාඨකයන් හෝ අසන්නන් තුළ සුවිශේෂී චිත්තවේගී හැඟීම් ඇති කිරීම සඳහා උපමාලංකාර උපමා රූපක සහ විස්තාරණය වැනි රූප කථන භාවිත කළේ ය. ඔහු සිංහල සාහිත්‍යයේ සම්භාව්‍ය කවියන් ගණයට අයත් නොවන නමුත් ඔහුට යම් සාධාරණ පිළිගැනීමක් ලබා දිය යුතු ප්‍රවීණ කවියෙකි.

සමාජ විද්‍යාත්මක හා ඓතිහාසික වටිනාකම

මෙම ප්‍රකාශනය මගින් අෂ්ටනාරි සන්දේශයේ සමාජ විද්‍යාත්මක, ඓතිහාසික සහ දේශපාලන පසුබිම පිළිබඳ විවරණයක් ඉදිරිපත් කර ඇත. එමගින් සැඟවුණු ඓතිහාසික පුරාවෘත්තයක් සහ පාරම්පරික කථා පෙළක් අනාවරණය කිරීමට සමත් විය.

මෙම සන්දේශය මගින් නුවරකලාවියේ දකුණු ඉන්දීය සම්භවයක් ඇති ප්‍රධානීන්ට මුහුණ දීමට සිදුවූ දේශපාලන අරගලයක් පිළිබඳ ඉඟියක් ලබා දෙයි. දඹදෙණි යුගයේ සිට (ක්‍රි.ව. 1220 සිට 1345 දක්වා) ශ්‍රී ලංකාවට සංක්‍රමණය වූ දකුණු ඉන්දීය ප්‍රභූ පැලැන්තියේ සංක්‍රමණික පවුල් සත් කෝරළය සහ නුවරකලාවිය තම නිවහන බවට පත් කරගෙන වරප්‍රසාද භුක්ති විඳි බව පැහැදිලි ය. අවසානයේ ඔවුන් සිංහල බෞද්ධ සමාජයට ශක්තිමත් ලෙස අන්තර්ග්‍රහණය විය (බණ්ඩාරනායක, 2021, 2022). දේශීය සිංහල බෞද්ධ සමාජයට අන්තර්ග්‍රහණය වෙමින් තම බලය සහ වරප්‍රසාද පවත්වා ගැනීම සඳහා ඔවුන්ට මුල දී යම් අඛණ්ඩ අරගලයකට මුහුන දීමට සිදු විය. මෙම අරගලය පිළිබඳ හෝඩුවාවක් සහ අවබෝධයක් මෙම සන්දේශය මගින් ලබා දෙයි.

උලගල්ල දිසාව නියෝජනය කරන්නේ මෑත කාලීන දකුණු ඉන්දීය සම්භවයක් ඇති පරම්පරාවකි. ඔහුගේ මුතුන් මිත්තන් වන ඉලංගසිංහ කළු කුමාර වංශය දඹදෙණි රාජධානියේ බුවනෙකබාහු රජුගෙන් භූමි ප්‍රදානයන් සමඟ ගෞරව නාම සහ අධිපති තනතුරු දිනාගත් කණ්ඩායමකි. මෙම සන්දේශය මෙම පරම්පරාවට අයත් අලංකාර මන්දිරයක් ඇතුළු ඔවුන්ගේ පුළුල් ඉඩම් කෙත් වතු සහ වස්තු උරුමය මනාව හෙළි කරයි. මෙම සන්දේශය රචනා කළ කාලය වන විට (17 වන සියවසේ මුල් භාගය) මෙම පරම්පරාවේ බලය සහ වරප්‍රසාද පිළිබඳ යම් අර්බුදයකට මුහුණ දී තිබූ අතර මෙම අසාධාරණයේ විසර්ජනයක් සඳහා අව්‍යාජ දිව්‍යමය මැදිහත් වීමක් අවශ්‍ය බව හැඟී ගොස් තිබුණි. මෙම

සන්දේශය එම අභිප්‍රායේ ප්‍රතිඵලයකි. සත් කෝරළයේ සහ නුවරකලාවියේ දකුණු ඉන්දීය සම්භවයක් ඇති බොහෝ ප්‍රධානීන් උලගල්ල අරගලයට සහයෝගීතාව පළ කළ බව මෙම සන්දේශයට දැක්වූ අනුග්‍රහයෙන් පෙනී යයි.

සන්දේශය ආරම්භ වන්නේ මුණ්ඩකොණ්ඩපොළ ප්‍රාදේශීය රාජධානියේ අගනුවර වශයෙන් පැවැති නාථගනේ ගම්මානයෙනි. එම රාජධානියේ පදිංචි වීමට ඉඩම් සහ වරප්‍රසාද පතා දකුණු ඉන්දීය උසස් සමාජයේ පවුල් රැසක් කෝට්ටේ සීතාවක රාජධානි සමයේ නාථගනේ අගනුවරට එක් රොක් විය (බණ්ඩාරනායක, 2021 සහ 2022). අෂ්ටනාරි සන්දේශය මෙම දකුණු ඉන්දීය සම්භවයක් ඇති සිංහල බෞද්ධ ප්‍රජාව පිළිබඳ මනා ආවර්ජනයක් විය හැකි ය. එසේ ම මෙම සන්දේශය ඔවුන්ගේ ජාලයේ නව උද්දීපනයක් ඇති කරන ලද නව සංධිස්ථානයක් ලෙස ද සැලකිය හැකි ය.

රූපලාවන්‍යයෙන් යුත් සරාගී යුවතියන් අට දෙනෙකු විසින් රැගෙන යන මෙම සන්දේශය බක් (අප්‍රේල්) උත්සව මාසයේ සිදු වූ නිසා එය විස්තීරණ සංදර්ශනයක් ද විය. මාර්ගය දිගේ පදිංචි ව සිටි ප්‍රාදේශීය නායකයන් සහ ප්‍රභූන් විසින් මේ සංදර්ශනය සඳහා අනුග්‍රහය දක්වා ඇති ආකාරය මම නිරීක්ෂණය කළෙමි. එය සත් කෝරළයේ සහ නුවරකලාවියේ ජනතාවට සුවිශේෂී වූත් වර්ණවත් වූත් ප්‍රීතිමත් මංගල්‍ය උත්සවයක් වැනි සිදුවීමක් විය.

කෙසේ වෙතත් මෙම සන්දේශයේ ආයාචනය සාර්ථක වූ බව සනාථ කිරීමට හැකි කිසිදු සාක්ෂියක් මට හමු නොවී ය.

අනාගත පර්යේෂණ

කලක් අප්‍රකටව තිබූ සන්දේශයක් පුළුල් ප්‍රේක්ෂක පිරිසක් වෙත ඉදිරිපත් කිරීමේ කාර්යභාරය මම සම්පූර්ණ කර ඇත්තෙමි. සම්මත රාමුවක් භාවිත කරමින් මා මෙම සන්දේශය පිළිබඳ සාධාරණ සාහිත්‍ය ඇගයීමක් ද සම්පූර්ණ කර ඇති බව සිතමි. එසේම අෂ්ටනාරි සන්දේශයේ විභව දේශපාලන සහ සමාජ පසුබිම ගැන මා යම් පැහැදිලි අවබෝධයක් ලබා දී ඇති බව විශ්වාස කරමි.

මෙම අෂ්ටානාරි සන්දේශය සාදරයෙන් පිළිගන්නා ලෙසත් ඒ පිළිබඳ වැඩිදුර පර්යේෂණ, විශ්ලේෂණ සහ සාහිත්‍ය ඇගයීම් සිදු කරන ලෙසත් මම පාඨකයන්ට හා අනාගත පර්යේෂකයන්ට ආරාධනා කර සිටිමි.

9 වන පරිච්ඡේදය:

අෂ්ටනාරි සන්දේශ කාව්‍යය හා පුස්කොළ පිටපත් සංසන්දනය

සන්දේශය දියත් කිරීම හා කවියා සැමරීම

1 සක වස[21] බක්[22] මසිනි අව දසවක ඇතු ල
නෙකරිය කුල කමල කුජ දින ලද නිම ල
රික යස මග නැකත හෝරා තිලඟ ත ල
දැක දස දිත පතල කල[23] කිවිවර විපු ල

2 විකසිත පොතසකත බලවත යුතු අන ග
වක අන දද නිමල අසුරණ දිය මත ග
ලකකත සරසවිය මිහිකත බුරිවි සශ ග[24]
රැකදෙත කිවි වරණ සවුසිය මුරු සම ග

3 පින්පෙත් යුත් ඉදිරිසිංහ[25] රජවර බැළු ව[26]
මණ්මත් මෙත් සිරි නිසර බඳ සිරි සිළු ව
පැන්පත් වරණ විතරණ යන එළු නෙළු ව
නන්ලත් ගොත් පිහිටි සිටි රට මැටිඔළු ව

---

21 වසි BL වස M1, M2
22 වක් BL, M1, M2,
23 කළ M2
24 මිහිකත බුරිවිසශග BL, මිහිතබුරිවිසසැග M1, මිහිතබුරිවිසශග M2,
25 ඉදිරිසින්හ BL, ඉදිරිසිහ M1, ඉදිරිසිංහ M2
26 බැළුැව BL, බැළුව M1, M2

4 ඉෂ්ටකාරි වරඟණ අඟනෝ යන් න
පෂ්ටචාරී කයවත ඇඳලා ඔන් න
තුෂ්ටහාරි[27] ණොනැවත සරසඳ වැන් න
අෂ්ටනාරි සන්දෙසේ කවි ඔන් න

යුවතියන් අට දෙනොගේ සුන්දරත්වය වර්ණනා කිරීම

5 දක්ෂන[28] කතක වත් හැඳ නග[29] නගා ගේ
රොක්වෙණ වරල බැදි මල් කොද නුරා ගේ[30]
සක්මණ ගමණ කුඹු ලෙලදෙන තුමා ගේ
ලස්සන[31] කියනු බැරි ලියො අට දෙනා ගේ

6 යුතු කළ පටු නලල සරසඳ නුදුරු කො ට
රතු නිලමිණි දෙනත දිසිදිළි මුකුළු ක ට
මතු කල රංලියක[32] දෙසවං කණෙක කැ ට
මුතු දල දෙපෙළ දිළි පිරිසිදු විදුලි වැ ට

7 බොලඳ අට අඟන මුතු ගෙලෙ කර බහ න
සබඳ මුවතඹර සඳ කැළුමෙකි සොබ න
පැලඳ කොඳ[33] කොකුම වෙර පිණිදිය ගහ න
ලැමද දිළි දෙකුඹු විදුලිය වෙති කොට න

8 මන්මද මත් සලෙල රතඹර සේ සිළු ව
පුන්සද යුත් අනගි යුග දඟලා බැළු ව
උන්දප්[34] කොත්යටග සැරපසලා[35] කළු ව
රන් රද දුනු මිටෙක තුණු ඉඟලා සළු ව[36]

---

[27] බාරි M1
[28] දක්සන M1, PV
[29] කතක වන් හැද නදග නගාගේ M2, කතක වන් හෙද නැත නගාගේ PV
[30] රොක් වෙන වර බුදින කොද මල් නුරා ගේ PV
[31] ලක්ෂන BL, ලක්සන M1, ලස්සන PV
[32] මුතු කල රං රියක BL, M2
[33] පැලද කොකිද M1
[34] උන් දද A1
[35] කොත්යට ඟශරපසලා BL
[36] රන් දද දුනු මිටකතුණු A1

9 නිමල යුග ඌරු දණ දිළිණු සුරඟ නේ[37]
නිමල තල පතුල් රන් තඹර[38] පෙති මෙ නේ
තුමුළ වත් තරඟයට සරි වෙළු රගස නේ[39]
කොමල ලඳ ලියගේ[40] රුව කියනු බැරි අ නේ

10 අබරණ පැළඳ ජනෙලිං මුව පෙමා යු තූ
පිඹ රණ රණගොස[41] කරයන වීදිඹල ඇ තූ[42]
දඹරණ රිදී කොකවැල ගජ ඇතිනි ම තූ
තඹරණ එමල් කැඩුමෙහි[43] රැවටුනයි ඇ තූ[44]

11 තඹුලෙල කනක මුතුහැර බහණ මනහැ රා[45]
කුඹුතුල ඇතුල රණහංස විදුලි එලි ක රා[46]
ඇබුලිය[47] වරල සිකිනිඳු ගෙල කරණ නු රා
බිඹුපල[48] කියා දෙතොලට රැවටි රණ ගි රා[49]

12 සුනික්මියා සරසඳ සපිරි උවන ට
කෙණෙක් කියා නිමවනු බැරිය රුව දු ට
මදක් වියා සර හන්ෂ[50] කළ කුඹු තුල ට

---

37 විමල යුග ඌරුදණ දිනු කසුන් මෙනේ A1
38 නල පතුල රත් හබර BL
39 තුමුළ වත් තරඟයට සරි වෙළු රස නේ BL, තුමුළ වත් තරගයට සරි වෙළු රගස නේ M1, තුමුළ වත අනග යුදයට කලා මෙනේ A1
40 ලඳඟනන් A1
41 රඟගොස A1
42 වීදි ඇතු A1
43 කැඩුමට A1
44 අභරණ පැළඳ ජන ලෙන් මුව පෙමා යුතු
පිබරන ගොසර රන හංසවී අචල ඇතූ
අභරණ රිදී කොකු වැල ගෙ අනී මුතූ
තබරන මල් කැඩුමට රැවටුනා ඇතූ PV
45 මනහරා M1, M2,
46 තඹුලෙල කරටලා මල්දම් ගෙන නොහැරා
කුඹුතුල ඇතුලමින් මෙන් විදුලි එලි කරා A1
47 ඇඹුලිය M2
48 බිබුපල BL
49 කුඹුලේ කනක ගෙල මුතු බාන මන හැරා
අඹුලිය වරල සිකිනිඳු ගෙල කරන නුරා
සුරලිය ලෙසට දිව පුර සිට එන පවරා
බිඟු තොල කියා දෙතොල රැවටී රන ගිරා PV
50 සැර හන්ස M1, M2

මැනික් කියා රුවටුනි උරඟු දෙනෙත ට[51]

13 දැවටුනු දිව දුහුල තුණුඉඟට සැරසි යා[52]
නොවැටුනු යුග දෙකුඹු වර[53] ලෙලෙන විදුලි යා
ගැවටුනු කංකැකුළු මදි ලිහිරඟ ඇඹරි යා[54]
රුවටුනු විධදණෝ තම සුරඹලිය කි යා[55]

14 ගිහිනිය තරඟනට[56] සරිලඳ සුර ණෝ ක
විහිලිය ණොම කනෙක පුංසඳ වෙනි[57] මෙතෙ ක
රුහැනියටත්[58] සනෙක රණහන්ෂ[59] මණ දොළෙ ක
ලිහිණිය රුවටුනා වෙනි තන මඬල දැ ක

15 සල්සපු කොඳට[60] බමරණ රගණ මෙලකු නූ
මල් දඹ කරට ලා මුතු බහණ පළඳි නූ
රල් දිගුලට දැක මද නුවණ කනු බො නූ[61]
නිල් වරලෙසට රුවටුනු කින්ද[62] බකමූ නූ[63]

---

[51] සුනික් පියා සර සඳ සපිරි උවනට
කෙණෙක් කියා නිම වනු බැරිය රුව දුට
මදක් පියා සරකර හන්ස කුඹුරට
මැනික් කියා රුවටුනි උරඟු දෙනෙතට A1

[52] ශරසීයි BL, සැරසීයා M1, M2

[53] වල A1

[54] ගැවටුනු කම්කැළුම දිලිහිරඟ ඇඹරි යා
රුවටුනු විදුද නොතම සුරඹ ලිය කියා A1

[55] දැවටුන කැමි කැලුම දිලිගිරහ ඇඹරීයා
නොවැටුනු යුග දෙකඹු වරලෙස නැපි පුලියා
කැවටුනු කැමි කැළුම දිලිගිරහ ඇඹරීයා
රුවටුන විදුරසේන උන්සුරබ ලිය කියා PV

[56] තරහනට M1

[57] වන් A1

[58] රුහැනියමන් A1

[59] රණහස M1, A1, රණහන්ස M2

[60] සල් සපු කැනට A1

[61] රල් දිගුතලට ගුරුළුන් පැමිත රුවටුනු A1

[62] නිල් වරලෙසට රුවටී ආ බකමූනූ A1

[63] සල් සපු කොදට බම සිඳු රන හන්සලනූ
මල් දම් කනක මුතු තුඩු වන නීල දිනූ
රල් වරලසට මදනා නිතර කනු බොනූ
නිල් වරලසට රුවටුනෙ කිම්ද බකමූනූ PV

16 හීත[64] කසුන්වත් හැඳ සැරසී සෙබා ණා
ගීත නදින් රඟ කළ කුසුමෙන්[65] හම ණා[66]
දෑත රණෙන් මුදදර මිණිසිරි සිළි ණා[67]
නාතගණෙන් එළි බැස අට දෙණ අඟ ණා

17 ලක් දුනු රුසනුරය[68] රික රංජණා වේ
දික් ගගණුවක් ණොහැර ළදගං[69] මණා වේ[70]
රොක් උනු සෙන් සමඟ[71] යනමං[72] සිනා වේ
නික්මුනු ළඳගනෝ යෙති වන්දනා වේ

මාර්ග වර්ණනා කිරීම

සමනොල කන්ද

18 මැකුණු වරළ[73] අඳුරු සරසඳ නගර ව ර[74]
සකුණු රත දෙකුඹු විදුලිය මුකුළු ක ර
ලකුණු රත දුදුල පෙතිහල් ලැමද තු ර[75]
දකුණු දිග බලව සකිසඳ[76] සුමණ ගි ර

මීගහකුඹුර

19 ඹුසු කර පවරණට[77] ලැම ගෝමර අතු ර
අසුකරපුව වරල බැදිමල් බිඟු මධු ර[78]

---

64 බීත PV, M1
65 සුර මෙන් A1
66 ගමණ PV
67 මුද්දර සත දිලි දිලුණ PV,
68 ලක් දුනු රුසනුරා PV
69 උදගම් A1
70 දික් ගුනුවන් නොහැර උදග වන්නවේ PV
71 රොක් උනු සෙත් සෙත් සමඟ BL, රොක් උනු සෙන් සමඟ A1, M1, M2
72 යතිමන් PV
73 මැකුණු වල M1, M2, PV, A1
74 නරග බර A1
75 රත දුහුල පෙති ගෝමර පතර PV
76 සඳ සකි PV
77 පවරලා PV
78 වැදුර PV

සෙසු පුර[79] ලොව අඟණ සරිදෝ රණ ගැඹු ර[80]
පසු කරපුව ඇවිත් ළඳ මීගහ කුඹු ර[81]

උයන්වත්ත

20 ලියන් රොත්ත එන යන[82] වැවු විල් ඔල ට[83]
නයන් නිත්ත රසඳණ දෙනුවන් නිල ට[84]
කියන් ඇත්ත රණහන්සදි[85] මල් විල ට
උයන්වත්ත පසුකර බැස වල්පොල ට

වල්පොළ

21 ගෑවිය වෙර සුවඳ පිණිදිය කොඳ හම ණ
පෑවිය සඳ උවණ යුගදඟ මිණි[86] නදි ණ
බෝවිය ලැම රතැඟ පෙනි නිලඹර දෙත ණ[87]
යා විය ළඳගනෝ[88] වල්පොළ පසු කර ණ

කඩවත කැලේ

---

[79] පුර BL,M1,M2, PV, සුර A1

[80] අගන සරිලන්නේ පවර PV

[81] මුසුකර පවරණට ලැම ගෝමර අතුර
අසුකරපන් වරල බැදිමල් බිගු මැදුර
සෙසුපුර ලෙද අගන සරිනොවන ගැඹුර
පසුකරපුව ඇවිත් ළද මිගහකුඹුර A1

මසුකර පවරලා ලැම ගෝමර අතුර
අසුකර පවරලා බැදිමල් බිගු වැදුර
සෙසු සුර ලොව අගන සරිලන්නේ පවර
පසු කරපුව ඇවිත් ළද මීගහකුඹුර PV

[82] රොත්ත එන BL රොත්ත එන යන M1, M2, රොත්ත යන මග PV

[83] වලට A1

[84] ගොයම් නිත්ත රස දෙනුවන් නීලවට PV

[85] රණ හසදි M1, A1 රණ හන්ෂදි BL

[86] පිනි PV

[87] බෝවිය ලැම රනග නිලඹර දෙන වරුන PV බාවිය ලැමර තැගපෙති නිලඹර දෙතන A1

[88] ළද ලියෝ A1, PV

22
තුඩ රත්තඹර පෙති පියයුරු පානු ණ මා[89]
වැඩ අන[90] දිඟුවරල බැඳි මල් රේණු යො මා
දිඩ කන මොණ සලෙල[91] පිණි දිය ගානු තෙ මා
කඩවත කැලේ පසුකර යනවාළු ළ මා

කොල්ලැගල

23
නිල්ලා දිඟු වරල බැදිමල් කොඳ සොඳු ර
ලොල්ලා වණ සලෙල[92] රතඹර සේ ගොඳු ර[93]
දුල්ලා දල කමල සඳ වෙනි බිඳි අඳු ර[94]
කොල්ලැගලට[95] බැස වඳු පස් ඇස මඳු ර[96]

24
සල්සපු කීන අඹ දොඹ මීඅඹ පළො ලී
දෙල් මොර කැන්ද සුවිසල් සොඳ නා මිදෙ ලී
තල කිතුලින් ද පොල් පුවකිඟු එසලි ම ලී
මල් කැල බරින් සැදි තුරු කැල බලනු ලො ලී

25
මුනිඳු අපා බුදු වී වැඩ සිටි අයු රු
පසිඳු ඉතා කරනෙව් බෝමුල සොඳු රු
සුසැදු අපා මුනිවරු දැක ගොස් සොඳු රු
නමදු ළඳා සිහි කර නව ගුණ මතු රු

බටුපිටිගම

26
වටු ශටි[97] පටු නලල දිසි මුතු ලා බෙල් ල
තුටු මිටි රණ් රඹණ කුඩු තුරු[98] ගෑවිල් ල
දුටු සිටි[99] සඳ සලෙල කර වට ලා තැල් ල

---

89 කුඹ රතබර පෙති පියයුරු බානු තමා PV කුඩ රන් තඹර පෙති පියයුරු බානු තමා A1

90 කැඩ අත PV මැඩ අත A1

91 වැඩ කත මෙන සලෙලු PV දිඩ කත මෝ සලෙල A1

92 ලොල්ලා වත සලෙල A1 ලොල්ලා වන සලෙලු රතබර ලා ගොඳුර PV

93 සොඳුර A1

94 උල්ලා සදක මල සඳවැනි බිඟු මැදුර PV දුල්ලා දල කමල සඳවැනි බිඟු අඳුර A1

95 වැල්ලා ගලට PV

96 බැස වැදු පසු ඇත මැදුර PV

97 වටු සැටි A1 පට සැමි PV

98 රණ් තඹර කඹු තුරු A1, තුටු විට රත්නබර කුඹුරන PV

99 දුටු විට PV

බටුපිටිගමින් යන ලඳ[100] අඟනෝ ගොල් ල

රංදෙනිවෙල

27 තැල්ල පුරා කර ලාලා[101] පොට දෙපො ට
බෙල්ල නුරා රනහ න්ෂ කුඹු[102] පෙති පෙල ට
දූල්ල සළු සඟල් හැඳ නිලඹර රණ ට[103]
ගොල්ල ලියෝ ගොස් බැස[104] රංදෙනිවෙල ට

28 ලං උනි ගෙවතු තල් තල පොහො සංඹල ම
ගංමිණි සිරි සිහිල් ගෝගවයිං තල ම
ටැන් තනිවන් කොකිනි උඵු සේවෙලිං කැළු ම
රංදෙනිවෙලේ ගල පිට සැදු[105] අම්ඹල ම[106]

යද්දෙස්සා කන්ද

29 රිලාවන් වඳුරු උකු බස්සා වුන් ද
වලාකැන් බුරණ රුපු රුස්සා වෙන් ද
මුලාකැන් කරණ මුව කැස්සාගුන් ද
බලාපත් මිතුර යද්දෙස්සාකන් ද[107]

---

100 බටු පිටි ගමින් යන ලද A1 බටු පිටි ගම වෙලේ යන PV

101 තැල්ල පුරා කරලා කර ලා BL, තැල්ල පුරාලා කර ලා A1, තැල්ල පුරාලා කර වට PV

102 රනහස කුඹු A1 බෙල්ල නුරා රනහස කුඹු PV

103 රඟට A1 දූල්ල සලු සගල ඇද නිලඹර රතට PV

104 ගොල්ල ලියෝ ගොස්වෙනි A1 ගොල්ල ලියෝ ගොස් වන් PV

105 ශදු BL සැදු M1, M2

106 ලං වුනි ගෙවතු තල් පොල් කොස් අම්බලම
ගොන් මිනි සිරි සලින ගොන් ගවයින් තලම
මන්තනි වත් කොනින් උලු ගෙවලින් කැලුම
රන් දෙනි වෙලේ ගලපිට සැදි අම්බලම PV

107 රිලාවන් වඳුරු උකු බස්සා උන්ද
බලා කැන් බුරණ රුදු බළු දීයන්ද
මෙලා කෑ කරණ මුව කැස්සා උන්ද
බලා පත් මිතුරෙ යද්දෙස්සා කන්ද A1

රිලාවන් වඳුරු උකුබස් සාවුන්ද
බලා කැන් බුරන රූපු රුස්සා මෙන්ද
මූලා කැකරනා මුව වස්සා මෙන්ද
බලා පත් මිතුර යක් දෙස්සා කන්ද PV

30 දුටු දන සිත් පිනවන තුරු පෙලින් සැ දී
ඉටු වන ලෙසින් ගියවුන් මන කොඳ පුබු දි
තුටු වන තුරින් බබලන හෙලගිර සබ දි
දුටු දන සිත් අදනට හැකි මා සබ දි

දොළකන්ද

31 කතුර දිඟු තුඩඹර රණ[108] රත කළු ඇන් ද[109]
යතුර කර හඬිං දිවි කුළු පොළු හන් ද[110]
අතර තුර රඟන කොකවැල දිළි කුන් ද
මිතුර බල ඉහරු දිග දිළි දොළුකන් ද[111]

32 පෙර විසු දැහැමි රජදරුවෝ සිත් තුටි න
පර වැඩ නොව තම වැඩ මෙන් කර තිබෙ න
දුර නොව අසල පින් සලකන දන සිටි න
කර පිණිපා යවූ නව ගුණ සිහි කර න

දූනුපත්තාංග

33 ගත්තන් සළු වැලඳ බඳමුතු ගෙත්ත ග
යන්තන් සිළි කෙළිණ කුඹුතුරු කොත්නැ ග
වන්තන් මුතු දෙපෙල දලරණ රත්ත ග
යන්තන් ලියෝ පසුකර දූනුපත්ත ග[112]

---

108 තුඩඹර රණ BL තුඩැර රණ රන M1, M2

109 කතුර දිඟු තුන්ඩර ණර රත්නක එ ඇන්ද A1

110 යතුර කරහනින් දිවි කුළු පොළු හන්ද A1

111 කතර දිගු තුන්ඩ ගන රන් පොලු ඇන්ද
යතුර කර නින්ද දිලු කුලු පොලු ඇන්ද
අතර තුරගනෝ කොකු වැල දිලි කුන්ද
මිතුර බල ඉදුර දිග ඇත දොලු කන්ද PV

කතුර දිගු තුන්ඩ රන රන් තක ලු ඇන්ද
යතුර කර හනින්ද දිවිකුලු පොලු හන්ද
අතර තුර රඟන කොක වැල දිලි කුන්ද
සොදුර බල ඉදුරු දිග දිලි දොලුකන්ද A1

112 ගන්න සළු වැලද ලද මුතු නෙත් අන්ග
යන්නන් සිරිසලින කුබුතුරු නෙත් අන්ග
ගොනතන් මුතු දෙපොට ලද රන රත් අන්ග

වල්ලාගල

34 රැතැස් නුවණ් රතඹර නිල්ලා නෙත ට[113]
සිලැස් කතුන් වනහැඳ[114] එල්ලා වම ට
අදැස් කොමින් පිනිදිය ගල්ලා ලැම ට
පසැස්මැදුර[115] දැක වඳු වල්ලාගල ට[116]

35 නිල්ලාවත සොම්පුල්ලා ලඳ ලැම තුල තැල් ල[117]
තෙල්ලා ඉස පැටලිල්ලා වරලෙස ගැවසිල් ල
නිල්ලා වත[118] රැලි අල්ලා රණ හන්ෂ නැවිල් ල[119]
වැල්ලාගල දැකපල්ලා මිතුරේ[120] පුරණල් ල

36 මුනිඳු ඉතා සුළු කුසිනාරා නුව ර
පසිඳු ඉතා කරනෙව් සල්තුරු අත ර
දිනුඳු ලෙසා පිරිනිවී මුනි රූ අයු ර
නමඳු මෙතා සිහි කර අනිත පදස ර

37 මතු වැඩ තකා වැඳ මැදුරින් නික්ම සි ට
යුතු මතු ගමන් ඇති පෙර මග බලා සි ට
නතු තෙවරක් කොට සකිසඳ බැස ට
කතුනි සැවොම යවූ වෙහෙරින් නික්ම තු ට

යන්නන් ලියෝ පසු කර දුනු පත් අන්ග PV

ගන්නන් සළු වැලද බඳ මුතු ගෙත් නන්ග
යන්නන් සිලිකෙලින කුඹුතුරු කොත් නැන්ග
වන්නන් මුතු දෙපෙල ලඳ රත රත් තැන්ග
යන්නන් ලියො පසු කර දුනු පත් අන්ග A1

113 රැතැස් නුවන් රතඹර නිල්ලා කෙතට A1
114 කසුන් වත හැඳ A1
115 මදුර BL මැදුර M1, M2
116 රැහැන් නුවන් රතබර නිල්ලා නෙතට
විලැස් කසුන් වත් ඇද එල්ලා වමට
ඇදැස් කමින් පිනිදිය ගල්ලා ලැමට
පසැස් මැදුර දැක වැඳු වැල්ලාගලට PV
117 ලොල්ලා වත සොම්පුල්ලා ලඳ ලැම තැල්ල A1, තුල බෙල්ල M1
118 අල්ලා වත M1
119 රණ හස නැලවිල්ල A1 රණ හස නැවිල්ල M1 රණ හංස නැවිල්ල M2
120 අඟණෙනි A1

මුදන්නාපොල

38
නොදන්නා බොළඳ ලිය කෙළි කවට ලි ය[121]
අදින්නා සළුව තුනු ඉඟවටට ලි ය
එදන්නා කොමට තුඹු කෙළි විදුලි සි ය
මුදන්නාපොලත් පසුකර මෙලඳ ගි ය

39
රැල්ලලා සළුව සිහිනිඟට තිල්ල ලා
තෙල්ලලා බැඳපු නිල්වරල එල්ල ලා
බෙල්ලලා එරණ් දඹ කරට තැල්ල ලා[122]
සොල්ලලා කතුන් එති දෙකුඹු සොල්ල ලා

40
මලාලිත සුවිසාලා ලඳ කුඹුජාලා රතන් ග[123]
දීලා ලඳ කරලාලා මුතු හැරලාලා අන ග[124]
ගාලා පිණිදිය පැලා කුඹු සරසාලා එක ග[125]
වේලාගල දළදාළා එති සැරසීලා[126] මෙම ග

41
ගංගා ජල රැල නැගා මුහුලස ශ්‍රිගා බොළ ඳ
තුගා කොඳරණ රගා මුතු දජ[127] නැගා එල ඳ
පගා බමනොම සගා පිය කොමල ගා පැල ඳ
රගාලිය කර නැගා කුඹුතුරු තුගා මෙල ඳ[128]

42
සඹා[129] රණ ලිය කඹා සළු ඇඳ නඹා දැරු ව
අඹා නොම රතිරඹා නෙතදුන ලඹා තඹු ව
ගැඹා ලැම එක දඹාකොඳ පෙති පෙඹා තිබු ව[130]

---

121 කෙළි කවට අය A1
122 එරන් දම කර තැලල්ලා A1
123 කුඹු සාලා රත්තැඟ A1 රතඟ M1, M2
124 මුතුහැරලාලා අතන්ග BL මුතුහැරලාලා අනඟ M1, M2
125 සරසාලා එකන්ග BL සරසාලා එකඟ M1, M2, සරසා ලා එ ඇඟ A1
126 මේලාගල දඟලාලා එති සරසාලා A1, ශරසීලා BL සැරසීලා M1, M2
127 දධ BL දජ M1, M2
128 ගන් ජල හා රැල නැන්ගා මුහුලසයින් ගා බොළඳ
තුන්ගා කොඳ රණ ගා මුතු දද නැන්ගි මෙන් රත් ලඳ
පන්ගා ඩම් නොවසන් ගා ලියනොවලන් ගා පැලඳ
රන්හා ලිය කර තැන් ගා කුඹුතුරු තැන්ගා මෙලඳ A1
129 සන්බා M2
130 පෙති පෙං තිබුව M1 පෙති ඹා තිබුව M2

අෂ්ටනාරි සන්දේශය

රඹා ලිය නුඹෙ කුඹා පියයුරු බඹා ඇඹු ව[131]

මාඟුරුඔය

43 මුඟුරු සිපත් ගෙණ පෙරටුව සහ සෙබා න
අඟුරු තෙලින් ඇදිපෙති සුගුබලා තැ න
අඟුරු වලළු සේ කුඩමසු වැගා න
මාඟුරු ඔය පසුව යන ලඳ අසමා න[132]

අළුපොතගන් වෙල

44 සළු ගත දිගු වරල බැඳි මල් බිඟු පත ර
දිළු රත මද කුමුදු බඳපිය කුඹුල ක ර
කළු රන් තුඩු කැකුළු[133] ගෝමර[134] පෙති පත ර
අළුපොතගන්වෙලෙන් යන ලඳ බල[135] මිතු ර[136]

45 සොඳුරු රුවැති කුමරුන් ඇකයෙහිම ත බා
මියුරු හඬින් කියමින් කවි ගී නොත බා

---

131 සන්ඹා රණ ලිය කම්ඹා සළුහැඳ නන්ඹා දැරුව
අන්ඹා නොම රති රන්ඹා නෙත අතලන් ඹා තැබ්බුව
ගැන්ඹා ලැම එකදන් කොද පෙති පෙම්ඹා තිබ්බුව
රන්ඹා ලිය නුඹෙ කුන්ඹා පියයුරු බම්ඹා ඇම්ඹුව A1

132 මුඟුරු සිපාගෙණ පෙරටිව සසොබාණ
අඟුරු තෙලින් ඇදිපෙති සුගුබල නෑණ
අඟුරු වලළු කුඩ මසු මෙහි වැගාණ
මඟුරු ඔය පසුව යන ලඳ අසමාණ A1

මඟුරු සිපත් ඉගෙන පෙරටුව සසහාන
අඟුරු තෙලිය ඇදි යුග පෙති බලපාන
ගිඟුරු වලලු කුඩ මසු වැලි ගඟ පාන
මඟුරු ඔය පසුව යන ලඳ අසමාන PV

133 කළු රත කඹු කැකුල A1

134 ගෝබර BL ගෝමර M1, M2, A1, PV

135 යන මෙලඳ බල මිතුර BL යන ලඳ බල මිතුර A1, M2, යන කත බල මිතුර M1,

136 සළුගත දිගු වරල බැඳිමල් බිඟු පතර
දිලුරන මද කුමල බදවට මුකුලු කර
කුලු රත කුබු කැකුලු ගෝමර පෙති පතර
අලු පොතු ගම වෙලෙන් යන ලද බල මිතුර PV

සළුගත දිගු වරල බැඳිමල් බිඟු පතර
දිළුරන මද කුමුද බදුපිය කුඹුලකකර
කළු රත කුඹු කැකුල ගෝමර පෙති පතර
අළු පොතු ගම් වෙලෙන් යන ලද බල මිතුර A1

මහරු බැතින් පතිදන් පුරන සිත ත බා
සොඳුරු රුවැති අඟනුන් යන ගමන් සු බා

46 නිල් මේකුලෙව් වරලස උනමින් දිග ට
ඇල් මේ සිතින් සලෙලුන් දෙස විටින් වි ට
බැලුන් ලමින් සිටි ඒ වරගණන් හ ට
බැලුම් එවොත් බඹසරවත් කැඩෙයි දු ට

47 සොඳුරු රුවින් දිසි පුන් සඳ වන් වතැ ති
තියුණු නැණින් පවසන සොඳ කතා ඇ ති
මියුරු හඬින් ගී තුති කවි කියන නි ති
ළඳරු උමාවන් රූ ඇති අඟණ යෙ ති

විල්ගන්දෙමට වැව

48 පුල් රන් වන් ලැමැද දිළි මුතුහර ඬග ණ[137]
තැල් මෙන් සැදී දෙතන රන හස මුර රග ණ[138]
මල් කැන් වර බොලඳ කත යුග දඟ ඉග ණ
විල්ගන්දෙමට වැව පසුකර යන අග ණ[139]

බලළුවාගාරය

49 එළළුවා ඇඟට පෙති තඹර සැළසු නෝ[140]
නිල්ළුවා රතට සළු වැලඳ දිළි සු නෝ
වලළු ලා යුගත සිරි සිලිනි[141] නඳ දු නෝ

---

137 ත (හැම පදයක්ම මෙසේ වෙන් වේ)

138 තැල්මෙන් ශදී දෙතන රනහන්ෂ මුර රගණ BL

139 දුල්ල රන් ලැමැද දිලිමුතු රන් බරන
කැල්මෙන් සැදී දෙතන රනහස මුතු ගාන
මල් කැමි වර බොලඳ කතයුග දග ඉගෙන
විල්ගම් දෙබට වැව පසුකර යන අඟන PV

පුල් රන්වන් ලැමැද දිලිමුතු හර බහන
කැල්මෙන් සදිසි තනරනහස මුරුනගන
මල් කැන් බොලඳ කත යුග දග මෙන් ඉගන
විල්ගම් දෙමට වැව පසුකර යන අඟන A1

140 ශළසුනෝ BL (also ending all the lines with නො) සැළසුනෝ M1, M2

141 සිළි සිළිනි M1

බලළුවාගාරයෙන් යේ එලඳ ග නෝ[142]

තිස්සෝ වෙල

50 ඉස්සෝ ලැමද පෙති ගෝමර[143] ලඳුන් නේ
විස්සෝපයෙන් ලඳගනෝ පිං කරන් නේ
උස්සෝ පියාසර සාසළු ලඳුන් නේ[144]
තිස්සෝවෙලට[145] එපිටිං ගම යොනුන් නේ

යොන්ගම

51 සකි සඳ තොපි ගොස් සිට ඒ ගමට වැ ද
හැකි ලෙසකින් තම කිසකර යව් සබ ඳ
ම කියන ලෙසින් ඒ ගම වැද නොසිට තො ද
සකිලිය අනේ යව යොන්ගම පසුව ඉ ඳ

සේරුගොල්ල

52 සීරුබෙල්ල වට මුතු රන්[146] කොදෙකු[147] න මා
ගෝරුවැල්ල පිණිදිය රන් බඳට තෙ මා
මාරුලොල්ල පිරිසිඳු කත සේම ත මා[148]
සේරුගොල්ල පසුකර යනවා ද ල මා[149]

---

142 එල්ලු වා ඇඟට පෙති ගෝමර ඉසුනේ
තිලලුවා රතට තිල්සලුව දිලි සුනේ
වළලු ලා අතට සිරි සිලුන නදලුනේ
බලලුවා අනාරෙන් යත්ලු ලද ගනේ PV

එල එ වා ඇඟට පෙතිතඹර සැලසුනෝ
තිල එ වා රතට සළුවැලඳ දිලි සුනෝ
වළ එ ලා යුගත සිරි සිලි නඳ නැඳුනෝ
බල එ වා අගාරෙන් යෙති එලඳ ඟනෝ A1

143 ගෝබර BL

144 පියාසර කරනා ලෙසින් නේ A1

145 කිස්සෝ ගමට PV

146 යුතුරන් BL

147 කොදේ PV

148 ගෝරු වැල්ල පිණිදිය රන් බඳට යොමා
මාරු සිල්ල පිනිදිය කත සේම තමා PV

149 සීරු බෙල්ල කරවට රන් කොදෙක නමා
ගෝරු ඇල්ල පිණිදිය රන් බඳෙක නමා
මාරු ලොල්ල පිරිසිඳු කත සේම නුමා

53 සුරඟන වන් රූ ඇති අඟනන් විසි න
සුමදුර ලෙසින් දෙන ඔවදන් සිතට ගෙ න
දල සිළුවන් නෙත් සඟලින් බැලුම් ල න
සමර ලෙසින් සිටි තරුණන් හැරෙව් යි න

නුවරකන්ද

54 එවර බැන්ද ගිරි සිලි තුරු ණගර ව ර
කවරකින් ද ගිරි කුළු කඳු අනඟ ව ර[150]
මෙවර කින්ද ගිරි ලෙන මුනි දකින ව ර[151]
නුවරකන්ද බල සකි සඳ[152] නැගෙනහි ර[153]

55 ඕරු කැල වසන තුරු පෙල සදිසි වන් එයි න
තුරු දෙස බලා මන තුටු කරමින් සොඳි න
සුරු ව තමන් කටයුතු අනලස වෙමි න
මරුගේ අඟනුන්ට සමවන් තොපි යමි න

දැදුරුඔය

56 වීදුරු වැලිත් නිලඹර ජල සලා දෙ න
ගොදුරු මසුං රැලි දිය පිට පිනා එ න
නොදුරු අනත කෙළ කෙළ යෙති සිනාසෙ න
දැදුරු ඔයෙන් නානා ලඳ නා නය න[154]

සේරු ගොල්ල පසුකර යනවාලු ලමා A1

150 කුළු තද අඟන වර A1

151 ගිරි කුලෙ මුනිදක නවර A1

152 බල සඳ A1

153 පවර බැන්ද නිල් සිරි තුරුනගර වර
කවර කින්ද ගිරි කුලු කුදු අගනුව ර
මෙවර කිම්ද ගිරි ලෙන මුනිදා දැකවර
නුවර කන්ද බල සකි නැගෙනහිර PV

154 වීදුරු වැලිත් නිලබර පෙල සලා එන
ගොදුරු මසුන් වැලි පරදා හීනයන
නපුරු අගන කෙල කෙල යන සිනාසෙන
දැදුරු ඔයෙන් නානා ලදගනෝ යන PV

වීදුරුවලින් නිලඹර ජල සලා හෙන
නොදුරු ඔවුන් නිතිනා නානනායෙන
නුදුරු අගන කෙල කෙල යෙති සිනාසෙන
දැදුරු ඔයෙන් බස්නා ජල නනා යෙන A1

57 මෙසේ සකිනි ඒ මග පසුකර යමි න
කෙසේ වුවත් එහි නොරැඳි යවූ කල න
තොසේ සිතින් මා ඔවදන් සිත් තුලි න
කෙසේ වුවත් නොකරව බැහැර පියඟ න

58 සිරි ලකඟන මතුයෙහි කෙලිනා සෙයි න
කිරිවන් පඬෙර සුබ කුල උපන් සොඳඟ න
සිරිනෙක වොරැඳි දුටුවන් සිත් සතුටු ව න
සිරිකත වන් අඟනුනි යව් නැග ඔයි න

තින්දගම

59 තිලවැල්ලේ[155] සළුව තුණු ඉග ඇන්ද න මා[156]
විල මැද රත්තඹර පෙති මුවගින් ද පෙ මා
රැල මැද සිඳු හමණ සිසිරණ වින්ද ත මා[157]
වෙල මැද අම්බලම බලසකි තින්ද ග මා

60 මනකල් තෙරුවනෙහි බැති සිතති දනව ර
සැම කල් පැමිණ ගිමහැරුමට කල පව ර
මනදුල් වන එමැදුර සිට ගිමන් හැ ර
තොපි ලොල් නොවී එතනින් යව තව බැහැ ර

දිවුල්වැව

61 මෙවුල් දඹ වැලඳී ලඳ තුනු ඉඟ කොහො මා[158]
අවුල් බිඳපු[159] රණ් රද දුනු මිට මහි මා
දවුල් බෙර මොරහු[160] පෙරටුව යන කළ මා
දිවුල්වැවට මිං බටු අඟනෝ තල මා[161]

---

[155] නළ වැද A1
[156] නල වැද ලෙල සලුව තුනු ඉග ඇන්ද ලමා PV
[157] සිසි මුව වින්ද ලමා A1 සිසිලන වින්ද ලමා PV
[158] ම ඇත මා වෙනුවෙන් සැම පදයකම A1
[159] අවුල් කරපු A1
[160] මොවුන් A1
[161] මෙවුල් ලද වැලදී ලද තුනු ඬග කොහොමා
අවුල් බිද පු රන් රද දුණු ඉග කොහොමා
කොවුල් බෙර මොරහු පෙරටුව යන කලමා
දිවුල් වැවට විත් බටු අගනෝ කල මා PV

62 තැන තැන හිඳන ගිතුති කියමින් රඟ ණ
ළඳගන රඟ බලමින් සිත් තුටු වෙමි ණ
දැන මන තුටින සවනත කරනෙව් කල ණ
රඟ දෙන රඟ බලමින් යව තව එය ණ

63 දුටු දැන සිත් පොබකළ සොඳ කමල් ව න්
තුටු වෙයි දුටු දනන් තුනු රුැසිරු රන්ව න්
තුටු පහටුව සමර යුදයට එවුව මෙ න්
දුටුවන් සිත් තුටු වෙයි අඟනුන් රන්ව න්

64 නිති පලගත් මෙපියසස පොල්තුරු රස ය
නල වැදගත් කල ලෙලදෙන සොඳ ලෙස ය
සොඳ දරුවන් ගත් අඟනුන් සිටි ලෙස ය
තට මනරන් ගත් මෙන් දක්වයි පිරි ය

කිඹුල්වාණ ඔය

65 ඇඹුල් රුැක් වීර පළු මොරඳ දුටු ද නෝ
බුබුල් ජල පතර පත් ගැඹුර ණොතැමු නෝ
තුඹුල් දඹ සපිරි නිල් සළුව ගැවසු නෝ[162]
කිඹුල්වාණ ඔය පසු කරපු ලඳග නෝ[163]

හඳපාන්ගම

66 නෙකතුන් වෙර සළුවලා ලඳ රැන්ද ම
මෙකතුන් තුසර මුව දිසි දිළි කාන්ද ම
තකදොන් කුඹු ලෙලෙණ විතරග මෙන් දහ ම
දැකපන් මිතුර මේ වෙල හඳපාන්ග ම[164]

---

162 තුඹුල් බද සපිරි නිල් සළුව ඇඹරුනෝ A1

163 ඇබුල් රුැක වීර පලු මොරඳ දුටු දනෝ
බුබුල් පෙල පතර පත් ගැඹුර නොදනනෝ
තඹුල් සඳ සපිරි නිල් සලුව ඇබරුනෝ
කඹුල් වාන ඔය පසු කර ලදගනෝ PV

164 නෙකතුන් වෙර සලුව වටලා ඇන්ද පෙමා
මෙකතුන් තුරග මිනි නද නිතිවින්ද පෙමා
තකදොන් කුඹු ලෙලෙන විකරන් මෙන්ද ගැමා
දැකපන් මිතුර මේ වෙල හද පාන් ගමා PV

නෙකතුන් වෙර සුවද ලා ලා ලද සැම

අෂ්ටනාරි සන්දේශය

කිරිලාගෙදර

67 පැන්නා දියෙන් පීනා තිසරන නිත ර
දෙන්නා ලැය රන හන්සවි දුර පත ර
ඇන්න ගියේ පෙන්නා සලසල ගොදු ර
මෙන්න ලියේ දැකපන් කිරිලාගෙද ර

පලුගස්සෑව

68 වියෝ දුකින් යන කල රැකි රක්ෂා ව
ලියෝ උනු උනුන් නැත කිසි විස්සා ව
පයෝදර මනා කොඳ කොකු උස්සා ව
ගියෝ යන්න පසු කර පලුගස්සෑ ව

මොරගස්වැව

69 කරඋස් නිල් දෙනෙත් යුග දඟසේ විර ය
උරහිස් මුතු ඔහණ කැරකෙයි කා මලී ය
පුර විස්තර අඟන යන මඟ රැම ගි ය
මොරගස්වැවත් පසුකර යනවාළු ලි ය[165]

මැටියක්ගම

70 වැටියක් වරල සිඹිනිදු කරණිලේ කො ඳ
කැටියක් දෙකුඹු පිට ගෝබර[166] දිලේ බ ඳ
අටියක් රණ රතඹර අඟණෝළු සො ඳ
මැටියක්ගම ඇලෙන් ගියො ලඳ ලියෝ සො ඳ[167]

මෙකතුන් තුසර මුව දිසිදිලි කා රැම
තකදොන් කුඹු ලෙලෙන විකසිත මෙන් සැම
දැකපන් මිතුරෙ මන්වෙල හද මාන් ගම A1

165 කර උස්සා දෙනෙත් යුග වෙස වීය
නුර ඉස්සා මුව කැර කෙයි කාමලීය
පුර විස්තර අඟනක් නිති රුව ගිය
මොර ගස්වැව පසුකර යනවාලු ලිය PV

166 ගෝබර BL ගෝමර M1, M2

167 වැටියක් වරල පිල්සිකි නිදු නෙලේ කොඳ
කැටියක් දෙකුබු පෙතිගෝමර දිලේ බඳ
අටියක් කරන රත බර අගදන නොහොඳ
මැටියක් ගම ඇලෙන් යන ලද ලියෙන් සොඳ PV

නාගොල්ල

71 රිලාවන් වඳුරු කොඳඬඳ ලා ලොල් ල
කලාවුන් ලිහිනි සිකිනිඳු පැහැ නිල් ල
මුලාවෙන් සලෙළු මඟ යනවා ගොල් ල
බලාපන් නෝන නෑනේ නාගොල් ල[168]

කරබේ පිදිවිල්ල

72 රන් දැක ලඳගනෝ යුගදග සොම්පුල් ල
කන් දෙක සක් පතුර මේ වර සැරසිල් ල
උන් දැක සෙසු ලියෝ පරදිති සුන ගිල් ල
ගන් දෙක පසු කරපු කරබේ පිදිවිල් ල

දහනග්ගම

73 නෙත් පටු[169] නලල අඩ සඳ පියුමක් ලෙෂ ට
සිත් තුම[170] දිගු යුවල ලෙල සළුවක් අත ට
අත් දුටුවක් අඟන අඳුනක් නෙත්[171] කව ට
විත් බටු ලියෝ ගොස් වෙති දහනග්ගම ට[172]

නියදවනේ

74 එබඳ වනේ[173] ගිරි සිරි ලෙන විපාගෙ ට
එමැද වනේ පස් ඇර රුව[174] විපාගෙ ට
රුවඳ වනේ දැක දුන්නෝ[175] අපාය ට
නියදවනේ වැඳලා ගිය[176] දෙපෝය ට

---

168 රිලාවන් වඳුරු කොක නඳ ලා ලොල්ල
කැලා උන් ලිහිනි සිකිනිඳු පෑ නිල්ල
මුලා වෙන් සලෙලු මග යන වා ගොල්ල
බලා පන් ඔන්න නෑනේ නා ගොල්ල PV

169 ලටු PV

170 සිත්තුට BL සිත්තුටු M1, M2, සිතුතුටු PV

171 අඟන අඳුනන්නේ PV

172 දහනගමට BL දහනග්ගමට M1, M2 දැහැනක්ගමට PV

173 පබඳ මෙනේ PV

174 පස් ගැසුරුව PV

175 වැද නොය PV

176 නියද ගනේ වැදගෙන ගියේ PV

පොතුවැල්පිටිය

75 සම්ගම කලොත් යන ලඳ ලැජ්ජා හැටි ය
රම්ගම සුරං කොමලඳ නුඹලා අටි ය
පම්දම සරං සර සඳ ලඳලා අටි ය
පිංගම නොහොත් හොඳගම පොතුවැල්පිටි ය[177]

තල්පත්ගිරි කන්ද

76 රඟනත රැවූ ගෝණා මුව වසු කරකුන් ද
මේගන වග වලස් දිවි සිරි ලෙහෙනුන් ද
ගඟගිරි මයුර කාවත[178] ලිහිනින් ද
නැගෙනහිර පෙණෙයි තල්පත්ගිරි කන් ද

පාම්හං කන්ද

77 ජාති පින් කුසල් කළ ලඳ නියම ක ර
නීතිහංකාර ලිය පිරිවරිණි බ ර
ගීති කන්තීනි උණනුන් වරින් ව ර
පාම්හං කන්ද බලසකි නැගෙණහි ර

යාපහු ගම් ගිරිය

78 මෙණෙයි දිළි සිරිනි සිරි සිළි කන් පිරි ය
රණෙයි රුවන්[179] උරරුපු සුර මොක්දැරි ය
පුරෙයි කියා ලඳ කුසලින් පිරී ගි ය
පෙණෙයි බටහිරට යාපහු ගම් ගිරි ය

කට්ටඹු ගම් ගිරඟ

79 පවර වල වසන වග වලසුං තර ඟ
ඉවර රුක් ලෙහෙණ වදුරණ ගුම් කුර ඟ
කවරවල සිටින සිකිතිදු වන් එර ඟ

---

177 සන්ගම කලොත් යන ලඳ ලැජ්ජා කැටිය
රන්ගම සුරන් කොමලඳ නුඹලා දූටිය
පන්දම සරසලා ලඳ නුඹලා දූටිය
පින්ගම නොහොත් හොදගම පොතුවැ පිටිය PV

178 කාවාඩන M1, කාවාඹන M2

179 රුවකින් M1 රුවකිනි M2

අවරගිර පෙණෙයි කට්ටඹු ගම්ගිර ග

මුණමොල

80 මෙතුම් රැලි වත ලෙලෙන නදදුන් මහන වෙ ල
කැදුම්[180] මුව සිරිසිර පදුමම් ශර මූණ ලො ල
සැකදුම්[181] ගිගු මෙක හඩ දුං ගොස හඬ නල ල
තකදොම් කිට දැකපන් ලඳ මුණමො ල

මී ඔය

81 සුබ විස්තරින් රණ් සළු ඇදලා ඉඟ ට
නැඹ උස්සඳ රැසින් තුනු බඳලා පුර ට
බඹ උස්යට ගමින් දළදී සේ රුව ට
අඹගස්වැවෙන් ගිය ලඳලා මී ඔය ට

නාපාඇල්ල

82 රූප තැල්ල කර වට බැඳි මුතු තැල් ල
කීප ගොල්ල වන් සිකිනිදු වර බෙල් ල
දීප එල්ල වුණු ලෙස ලා සොමි පුල් ල
නාපඇල්ල පසුකර ගිය ලඳ ගොල් ල[182]

උඟරාපොල

83 වාරු ණොව කරට සත් පොට මුතු බහ ණ
පීරා නිල් වරල බැඳි මල් සේ සොඹ ණ
තෝරා ලිය බුලත් කන කට රත පේ ණ
උඟරාපොල ගමින් යන ලඳ අස මා ණ[183]

---

180 කැදුම් M1. M2 ශදුම් BL

181 සැකැදුම් M1, M2 ශකදුම් BL

182 රූපතැල්ල කරවට බැඳි මුතු තිල්ල
කීම ගොල්ල වර කිසි නිදු වර බෙල්ල
දීප ගොල්ල උණු ලෙස ලදෙ සොම් පුල්ල
නාප නැල්ල පැන ගියෙ අඟනෝ ගොල්ල PV

183 වාරා නොකර රට සත් පොට මුතු බාන
පීරා බැඳි වරල බැදිමල් සසො භාන
තෝරා ලිය බුලත් කන කොට රතු පාන
උඟරා පොල ගමෙන් යන ලඳ අය මාන PV

රඹාවැව

84 වින්ද සිරි අඟන පින් පෙත් බබා නො ව
ඇන්ද සඳ සපිරි දෙනුවන් බඹා ලො ව
රන්ද පෙති යුවල රණ හංස අඹා නො ව
කින්ද මෙගම දැනගල්ලා රඹාවැ ව[184]

දෙමටගම්පිටිය

85 කවට කන් සරුප නොව සිත තැවුල් ලා
රුවට ලැමද පෙති ගෝමර බලල් ලා
එවට දිළි දිමුතු මිණිදම් කැරැල් ලා
දෙමටගම්පිටිය සකි මේ ගම බොලල් ලා[185]

ගල්කිරියා කන්ද

86 නෙලා මල් රැහැණ වරලෙෂ ලා බැන් ද[186]
වෙලා පට දුහුල් සිහිනිඟ ලා ඇන් ද
ලොලා බඹා[187] රණ හන්ස ලැම පිට තින් ද
බලාපන් නෑන ගල්කිරියා කන් ද

ගල්කිරියා වැව

87 කල් ඇරියා තොපි අපි පෙරසිට ඥා න[188]
සිල් දැරියා කල කුසලින් අසමා න
වල් ඇරියා ලෙස ඝන පිරිසිඳු පා න
ගල් කිරියා වැව දැකපන් මගෙ නෑ න[189]

---

184 වින්ද සිටි අඟන පින් පෙත් නොබා සිව
ඇන්ද සද සපිරි දෙනුවන් බබා ලොව
රන්ද පෙති යුවල රන හස අඹා කව
කිම්ද මෙගම දැන ගල්ලා රැබෑවැව PV

185 කවට කම් සරුප නොව සිත තැවුල්ලා
රුවට ලැමද පෙති ගෝමර කැරැල්ලා
එමට දිසි දිමුතු වරලෙස සුනිල්ලා
දෙමට ගම් පියස මේකද බොලල්ලා PV

186 ඇන් ද PV

187 වඩන PV

188 ණ ඇත සියලු ම පද හතරේ ම BL

189 කල් ඇරියා අපි තොපි පෙර සිට නෑන

බොරවැව

88 රැන සපු සමන් දුනුකේ සුදු සේ මා
ගාන සඳුන් වෙර පිනිදිය රෙද්ද තෙ මා
පාන කුඹු ලැමද පියයුරු දෙපල ලැ මා
නෑන මේකවද බොරවැව කියන ග මා

තලඅඳපිටිය

89 ලඳඹඳ ලැමද රණ හංෂ ගෝමර කැටි ය
කොඳ නඳ රැණ වරලෙස ගවසා අටි ය
අදහස වීර රතිලිය සුරඟණ වටි ය[190]
හොඳගම මේක පරසිඳු තලඅඳ පිටි ය

සියඹලංගොමුව

90 ලියල්ලා වරල බැඳි මල් පිටිනි කො ද
වියපුලා වතුර බුබුලැති ගැඹුර න ද
දිය සලා නලල මුතු රණ හංස කො ද
සියඹලංගොමුවේ ඔය පැණ ගියා ල ද[191]

හබරවත්ත

91 තඹර රත්න වඳ බඳ ලෙලණ වළු ල මා
බඹර රොත්ත බිඟුකල රං රොණට න මා[192]
දඟර පැත්ත වරලෙස ගවසාපු ල මා[193]
හබරවත්ත පසු කර යනවාළු ල මා[194]

සිල් දැරියා කලකුසලින් අසමාන
වල් ඇරියා වැනි කුසලට මග පාන
ගල් ගිරියා වැව නුඹදැකපත් නෑන PV

[190] අදහම් සුරලියන් සුරගා ලාවටිය PV

[191] ලියලලා වරල දිදිගුමල් පටිනි කොද
විස පුලා වතුර බුබුලැලි ගැඹුර කද
දිය සලා නානලද මුතු රතග හද
සියඹලාං ගමුවේ ඔය ගැන ගියෝ ලද PV

[192] රොණට ලමා BL

[193] ගවසාපු පෙමා M1, M2

[194] තබර රත්න බඳ බැඳ ලෙල වාලු යොමා
බමර රොත්ත බිගුකැල රත් රොනට හැමා
දහර පෙත්ත වර ලෙස ගවසාපු පෙමා

කඳුලුගමු වෙල

92 තැල්ල මුතු මාල කර වට ලාන ගෙ ලේ
ලොල්ල වඩන රන් බඳ දෙකුඹු මුතු පෙ ලේ
දූල්ල දිව දුහුල් ඇඳි නෙරිය වන් ඈ ලේ
ගොල්ල ලියෝ බැස යති කඳුලුගමු වෙ ලේ

කල්ලන්විය

93 සෙල්ලන්කලේ ලඳ නුඹ පල්ලා මිතු ර
සෙල්ලන් [195]නොකර පින්කර පල්ලා පව ර
තැල්ලෙන් මුවාකර ලැම රණහන්ස යතු ර
කල්ලන්වියේ වෙල දැක පල්ලා මිතු ර

නෑගම

94 රූපෙට අලන්කාර ව ලිය කඹවුන් නේ[196]
ආගම සළු පැලඳ රූබර ලියන් නේ
ඒගම සිටින අඟනෝ ආගමකුත් නොදන් නේ[197]
නෑගම වෙලේ සිටි අඟණෝ යොනුන් නේ[198]

95 දුල් පුල් මල් පියුම් පෙති බඳ මුතු බහ ණ
මල් තැලි[199] දෙකුඹු මුතු ගෝමර පෙති සේ ණ
නිල් පුල් මල් දෙනෙත් බැම තුරු යුග පා ණ
සල් පිල්වල සිටිණ යොන් ලිය අසමා ණ

නියන්ගම

96 කොඳල්ලා ඇමුණූ මුතු ගෙල ලියන් ද ම
බඳල්ලා සළුව රතිලිය ලියං හැ ම
නඳල්ලා වළළු යුග දඟ රුවන් ද ම

හබර වත්ත පසු කර යන වාලු ලමා PV

[195] ලෙල්ලන් M2, PV

[196] කොවුන්නේ PV

[197] ඒ ගම සිටින ආගම ඇත කතුන්නේ PV

[198] නෑගම වෙලේ සිටිනා ළඳ යොවුන් නේ PV

[199] මල් වැල් PV

ලඳල්ලා ගියෝ පසු කර නියන්ග   ම[200]

වලස්වැව

97 පිය බඳ රත ලැමඳ දිළි මුතු වෙණස් ණො   ව
රිය කොඳ සකි සමන් දිසි දිළි විලස් බ   ව
ලිය හොඳ කැකුළු කොඳ පෙති රහස් නො   ව
ගිය ලඳ පසුකරණ මහවෙල වලස්වැ   ව[201]

අවුකොණ

98 රොදේ වරල පීරා මල් බැඳීම   ය
බඳේ ඉසුනු පෙති ගෝමර කඳීම   ය
ධජේ බැඳපු වෙනි ලඳ දිළි රිදීම   ය[202]
ළඳේනෝ වඳු[203] අවුකොණ ගල් විහාර   ය

කලා ඔය

99 බලා වම දකුන යන මග ගෙවා ගි   ය[204]
පුලා පැන් බුබුළු රැලි නිල සෙදී ම   ය[205]
ගලා ජල දුවන සැඩ රැල ඔයේ දි   ය
කලා ඔයෙන් විත් බටු ලඳ ලියෝ ගි   ය

පුලියම්කුලම

100 ලාපෙම වඩණ අඟනෝ සංණ රං සේ   ම
සාහිම කොකුම ලඳලා ගිය තුන් තල   ම
ආගම කොමලඳුන් මග බසිමින් ඇළු   ම

---

[200] කොඳ ලලා ඇමුනු දිදිලි ගෙල සියන් හැමා
බඳ සලා සළුව නිතිරන් පටින් හැමා
නඳ ලලා වළළු යුගදග රුවන් දමා
ලඳ බලා ගියෝ පසුකර නියන් ගමා PV

[201] පිය බඳ රන් ලැමද දිලි මුතු වෙහෙස නොව
රිය කොඳ සක් සමන් දිසි දිලු විලස් බව
ලිය හද කොද කැකුළු පෙති තුරු රතැස් බව
ගිය ලද පසුකර මහවෙල වලස් වැව PV

[202] දදේ බැදපුවා වැනි දිසි සිලුමය PV

[203] ළදේ නමැඳු PV

[204] ගෙවා ලිය PV

[205] පුලා පැන් බුබුල රැලි රැලි ඔයේ දිය PV

මේ ගම නෝන නෑනේ පුලියම්කුල ම[206]

මයිලං පෙරුමාව

101 මුසුකර රසැතුරණ් පෙති ගණනා ව
අසුකර රං බඳට සළු ඇඳගණ පේ ව
එසුරණ සරණලා බැඳ යන සේනා ව
පසුකර ලඳ ගියෝ මයිලං පෙරුමා ව[207]

මුඩපෙරුමාගම

102 වැඩ කෙරුවා ලෙස සණ රන් අඟ ණ
තුඩ දැරුවා බිඟු පල මුව තඹර රෝ ණ
හඩ කෙරුවා ගී නද දී මිණි නදි ණ
මුඩපෙරුමාගම පසුකර යන අඟ ණ[208]

ඉහළගම කාගම

103 පහළ වුනු කුසල් ලඳ ලා ලමින් ගිවි ය
යහල ජල පත සේ අකුසල් දුරින් ගි ය
යුවල වත පැලඳ රං ලිය රණෙන් රි ය[209]
ඉහළගම පසුව කාගම ගමින් ගි ය[210]

රත්නාගල හල්මිලවැව

---

206 ලා පෙම වඩන සලෙලුන්ගේ රින් දිලුම
ගා හිම කොකු වැලඳ පිනි දිය ගුම්තලම
ආගම කොමලඳුන් ගම බසිමින් ඇළුම
මේ ගම ඔන්න නෑනෝ පුලියන්කුලම PV

207 මුසුකර පවරලා නැග පෙති ගන්නාව
අසුකර රන්බඳට සලු ඇද ගන් පේව
පසුකර සරනලා වැද යන සේනාව
පසුකර ලද ගියෝ මයිලන් පෙරුමාව PV

208 වැඩ කෙරුවා ලෙස දිදිලිරන් අගනගන
තුඩ දරුවා බිගු පලමුව තබර රොන
හැඩ කෙරුවා ගියලඳ ලිය මිනි නදන
මුඩ පෙරුවා ගම පසුකර යන අගන PV

209 රණෙන් ලිය M2

210 පහල වුනු කුසල් ලද ලා නමින් වීය
ගලා යන දියසෙ අකුසල් දුරින් ගිය
දුහුල වන් පැලදි රන්ලිය රනෙන ගිය
ඉහළ ගම පසුව ලද කාගමින් ගිය PV

104 ගන් පාබල පිරිවර අවිගන් කෝ ක
යුත් රූ පෙල සුරගණ මිස වෙන කෝ ක
යොමු කර පියයුරන් ලිය නඳ සෝ ක
රත්නාගල හල්මිලවැව දෝ මේ ක[211]

105 සැණකෙළි රිසි කෙළින වඳුරණ පැණ ගොල් ල
කැණහිල මුව ගෝනු මද ගජ තුරු නැල් ල
මණ කල වග වලස් දිවි සිකිනිඳු ගොල් ල
වනබල ගෙවා ගෙණ ගිය ලඳ සොමි පුල් ල[212]

ඇටවීර වැව

106 කළසකි කුඹු ලැමැද මුතු පෙති රැන මු ව
දිලසකි එගම පිරි කෙළිනා කොළු යස ව[213]
බෙදතිනි කීරලඳ ගණ රං රුව බල ව
බලසකි මිතුරෙ දුටුවද ඇටවීර වැ ව[214]

නොච්චිකුලම

107 කච්චි සළු වැලඳ තුනු ඉඟ රූප සො ඳ[215]
වෙච්චි වරද සතහට දුක් සෝක වු ඳ
නිච්චි නැතුව පියයුරු ලෙල දේළු බ ඳ
නොච්චිකුලම පසුකර යනවාළු ල ඳ[216]

---

211 ගත් පාබල පිරිවර අවිගෙන නේක
යුත් රූපේ ලෙ සුනු මිස වෙන කෝක
ගොත් වූ කලේ පියයුරු රති ලිය සෝක
රත්න ගල හල්මිල්ලෑ වද මේක PV

212 සැන කෙලි සිරි ලෙහෙන වඳුරන් පන ගොල්ල
කැනහිල් මුව ගෝ කුලු මද ගජතැල්ල
මන කල් වගවලස් දිවි සිකිනිඳු නිල්ල
වන වාහල ගෙවා ගියලඳ සොමි පුල්ල PV

213 කෙළිනා නොව යසව M1

214 කලසකි කුඹු ලැමැද මුතු පෙති නැර මුව
විලසකි එගම පිරි කෙළි කොලු රූම හෙව
බොලදැති ටිකිරි ලඳ ගන රන් රූප හෙව
බල සකි මිමිතුර දුටුවද අටවීර වැව PV

215 ඳ ending at every line M1, M2

216 කච්චි සලුව ඇඳි තුනු ඉග රුසිර කඳ
වෙච්ච වරද හරිනට සිත් සෝක උද

තෝරුවැව

108 ගෝරු හඳුන් තෙල් පිනිදිය ගා නා   න[217]
වාරු උනත් වරඟණ අඟණෝ ද වෙ   න
පිරු නෙළුන් වරලෙස ගවසා නය   න
තෝරුවැවත් පසුකර ලඳ ගනෝ ය   න

කදුරුවෑගම

109 විදුරු දල මුවර රන් බිඹුල කාර   ව[218]
නුදුරු ලැමද පෙති ගෝමර ගෙතූ රු   ව
සොඳුරු වරල මල් ගවසා ගෙතූ රු   ව
කදුරුවෑගමින් යන ලඳ අපූරු   ව

මාමිනියාව

110 බදේ පුලා රත් රණ තිසරුණේ ලැ   ය
දදේ මෙලා ගෙන් ලෙල ලඳ ලියෝ ගි   ය
විසේ සලාපන් සඳ රුස කලා ග   ය
ලදේ බලාපන් මාමිනියාවෙ ඔ   ය[219]

අඹතලේ වෙල

111 රැලේ වග වලස් මද ගජ පෙලේ පෙ   ලේ
රැලේ රැක් ලෙහෙණ වඳුරණ වැලේ රැ   ලේ[220]
බලේ අදහඟණ[221] සළු ඇඳ තිලේ ති   ලේ
කැලේ ගෙවා ගණ බටු[222] අඹතලේ වෙ   ලේ

නිච්චි නැතුව පියයුරු ලෙල වාපු බද
නොච්චි කුලම පසුකර යනවාළු ලඳ PV

217 පිනි දිය ගගා යන M1, M2

218 විදුරු ලඳ මුවර රති බිගුලා කරව PV

219 බදේ පුලා රත්රති සරු පනේලය
දදේ වෙලා ගෙන ලෙල ලඳ ලියෝ ගිය
වදේ සලා පත් සරනද කාලගය
ලදේ බලා පත් මාමිනි යාවෙ ඔය PV

220 වඳුරණ වැලේ වැලේ M1, ලොලේ දැක ලෙහෙන වඳුරන් රැලේ රැලේ PV

221 අගන PV

222 කැලේ ගෙවා ගොස් වනි PV

රිටිගල

112 වලාවන් ලගින ගිරි ශිරි තුරු කැන් ද[223]
පුලා පැන් පොකුනු පලවැල විලිකුන් ද
නිලා[224] රුක් ලෙහෙණා දිවි වග වලසුන් ද
බලාපන් මිතුරෙ සිරි රිටිගල[225] කන් ද[226]

අඹතලේ

113 කරණිල්ලේ සිකිනිඳු ගෙලෙහි දිළි නි ලේ
උරණිල්ලේ මුතුරණ ඔහණ වර පෙ ලේ[227]
සැරසිල්ලේ[228] පිනිදිය කොකුම වෙර පෙ ලේ
පුරල්ලේ හොඳගම මේක අඹත ලේ

කනන්පේඩියාගම

114 ගණන් වාඩි පසුකර ලදැ ලියෝ ගි ය[229]
දනන්නාඩි තොර ණොව ඉදිරියේ ලි ය
මෙනන් ජාඩි රස බෝජණ ලබා පු ය
කනන්පේඩියාගම වනවල ගෙවා ගි ය

තෝරංකුලම

115 සළු නිල්ලා පුරු ලිය වරන් කළ තළ ම
සොළුවැල්ලා ගව මුව ඌරං තල ම
දේළු හඬ ගිගුං දිවි ගජයිං තල ම
පාළුගම මේක නම තෝරංකුල ම

කෂ්ටමුරින්වාන

116 ඉෂ්ට වෙන කුසල් පින් පෙත් ලා ලෝ ක

---

223 ගිරි සිරි තුරු කැන්ද M1, වලාවන් නීල ගිරි තුසිරි තුරු කුන්ද PV
224 රිලා PV
225 මිතුරෙ සිට රිටි ගල් PV
226 බලාපන් මිතුරු සිටි රිටිගල කන්ද BL
227 කර නිල්ලේ සිකිනිඳු ගෙලසෙ පිලි නිලේ
උර බෙල්ලේ රන්මුදු බාන ලැම තුලේ PV
228 ශරසිල්ලෙ BL
229 ගණන් වාඩි පසුකරලදැති යෝ ගිය BL

දුෂ්ට නපුරු සිත් එලවාලා අහ ක
අෂ්ට අඟ සීලය රැකිඳා ණය ක
කෂ්ටමුරින්වානේ ගම දෝ මේ ක[230]

සොඳවිල

117 රැක ගුණ පළු වීර මොර රැක්ඹිඳ ලැවු ව
කැක දුන් රැවුලෙ හෙණ කොක නද රණ හැඬු ව
රැක වුන් ජල කිඹුළු බුබුලැති මුක තුඩු ව
දැකපත් මිතුරෙ සොඳවිල මේ කටු මඩු ව[231]

උලගල්ල පාරම්පරික උරුමය වර්ණනා කිරීම

උලගල්ල වැව

118 බටු බඳ ඔය ගෙවා ගණ වැද සිරිසිල් ල
කටු කොඳ පෙති ඇතුල තුල ලද දිලි තැල් ල[232]
බටු බඳ තුමුල් නිලඹර[233] සළු සැරසිල් ල
දුටුව ද ලදේ වැව පරසිඳු උලගල් ල

119 නිල්ල ජල රැල්ල පිරි සුදු නැලවිල් ල
වැල්ල සිසි ලැල්ල රතඹර ඔළු ගොල් ල
ලොල්ල සොම්පුල්ල ඹපලඳ කොඳ නිල් ල
දුල්ල පුරණල්ල පරසිඳු උලගල් ල[234]

---

230 ඉස්ට වන කුසල් පින් පෙත් ලා ලෙක
දුෂ්ට නපුරු සිත් ලෙල වාලා ලෝක
අස්ටාන්ගු සීලේ රැකිදා නේක
කස්ට මුරන් වානේ ගම වද මේක PV

231 රැක තුන් පලු වීර මොර රුගු රුඉන් දුව
තකදොන් රැවුල් හෙන කොක නද රන අවුව
රැක බුන් ජල කිඹුල් බුබුලැලි මුක තුඩුව
දැකපත් මිතුර හොද විල කටුවේ මඩුව PV

232 බටු ලද ඔබින්නේ ගොඩ වන සිරි සිල්ල
නටු කොද පෙති ඇමුනු ලැම තුල දිසිදිල්ල PV

233 නිල් සර PV

234 නිල්ල ජල රැල්ල සිරි සුදු නැලවිල්ල
වැල්ලා සිසි රැල්ල සිරි සුදු නැලවිල්ල
ලොල්ලා සොමි පුල්ල උපුලද කොනිල්ල
දුල්ලා පුරනල්ල පරසිදු උලගල්ල PV

උලගල්ල උරුමය සහ කළු කුමාර මන්දිරය

120 දෙල් හල් අඹ දෙළුන් නාරං දොඩන් යු තු
නිල් වැල් මල් කමල් නා සපු පොතන් අ තු
මල් රැල් කිතුල් වද ඉගු රැලින් ගෙ තු
තල් පොල් තල තලා පුවකුදු උයන් ව තු

121 කාවල් මුර ජාම වට බර ඇඳ පතු රු
තුමල් වට පන්ති මුර ඇරකර ඉතු රු
විපුල් ගජ තුරඟ රිය පාබල මිතු රු
පෙනේ බිම් මහල් උළු ගබඩා යතු රු[235]

122 කලඟ වෙඩි කවසි කගපත් ලැබුනු තැ ණ
විලඟු වලළු බුවණෙක නිරිඳු ගෙන් දු ණ
වලඟු රට තොට කඳු කඩවත් ලැබු ණ
ඉලඟසිංහ කළු කුමරුගෙ මේ විම ණ[236]

මාර්ගයේ ඉතිරි වර්ණනා

මාරාකුලම

123 සාර සඳ කැළුම මුව සිසිරාවන් හම න
මෝරා කුඹු ලැමද පීණන හඳුං මෙ න
තෝරා ලිය බුලත් කන කට රත දිලෙ න
මාරාකුලම පසු කරමිං ඔයින් ය න[237]

උව්විමඩුව

---

[235] කාවල් මුර ජාම වට බැද ඇදි යතුරු
තුමුල් වට පත්තිනි මුර ආකර ඉතුරු
විදුල් ගජතුරග රිය බාබල මිතුරු
ගෙවල් බින් වහල් උලු ගබඩා යතුරු PV

[236] කලංගු වෙඩි කවඩි කසසැර ලැබූ තැන
විලංගු වළලු ලැබ බුවනෙක නිරිඳු ගෙන
වලංගු රටතොට කඳු කඩවත් බැගින
ඉලංගසිංහ කුල කුමරුගේ මේ විමන PV

[237] සාර සද කැළුම මුව සිසිර වන මෙනේ
මෝරා කුඹු ලැමද පිටතට නැග ශසුනේ
නෑරා පෙති කුසුම් බද මල් කැලුන් රොනේ
වාරා කුලම පසු කරමින් ඔයෙන් පැනේ PV

124 වේට්ටි පට දුහුල් සිහිනිඟ සළුව හැ ද
කට්ටි ලේප රති කෙළි නොකරවුව ල ද
කුට්ටි කර කනක මුතු ලෙල දේළු ඹ ද
උට්ටිමඩුව පසුකර යනවාළු ල ද[238]

ඔරුක්කුමාන් කුලම

125 මුරුක්කු රංමාල ගෙලෙ මුතු ලා ඹහ න
පෙරුක්කු කල පෙරටුව ගෝසා කර න
කරුක්කු සොරණෑ කුඩ කොඩි පෙළන දි න
ඔරුක්කුමාන් කුලමට බැසපු එ අඟ න[239]

ගැටුලාගම් විහාරේ වන්දනාව

126 නිල් ධජ කොත් යටඟ කිකි නද ගෝසා ර
පුල්පෙති මල් තොරං රන් දිසි දිළි විදු ර
සල් සපු මල් වියන් ජවනික තිතිර සොඳු ර
කල් නොයවා බැස වඳු පස් ඇස මදු ර[240]

127 රන් දන් නිල් පලස් ධජ මිනි කන්ගා පු
ඇත් දත් සඳ කැළුම මුතු කොඩි නන්ගා පු
කුන්දන් ගජඟ ගිගු මෙන් හඬ තලා පු
පන්දන් වැට උඩිං නිල්කොඩි නගා පු[241]

---

238 වේටටි පට දුහුල් සිහිනිඟ සලු ඇන්ද
කාට්ටි ලේ පසුව යන අගනෝලු සොද
කට්ටි කරන කත මුතු ලෙල වාලු බද
උඉට්ටි කුලම පසුකර යනවාලු ලද PV

239 මුරුක්කු රන්මාල ගෙලෙ මුතු ලාබරන
පෙරෙක්කු කල පෙරටුව පස තුරු ගෙන
කරුක්කු සුදු රතු මුතු කුඩ කොඩි ජේන
ඔරුක්කවා කුලමට බැසපුව අගන PV

240 නිල් දද කොත් යටග බන් කිනි මිනි යතුර
පුල්පෙති මල් තොරන් සේසත් මිනි යතුර
සල්සපු මල් වියන් පවනිකා යෙන් සොදුර
කල් නොයවා බැස වැදු පස් ඇස මැදුර PV

241 රන්දන් නිල් පලස් දදමිනි නගාපු
අන්දන් මිනි කැකුලු දිධිසි මුදු සලාපු
කුන්දන් ගජතුරග ගුම් හඬ නගාපු
පන්දන් වැට උඩින් නිල්කොඩි නගාපු PV

128 රස බඳු සුගම් දම් සස ගුණ ප්‍රභා රේ
වසවතු යුදය මරුවන් බිඳිමිං පා රේ
ඉස ඉඳුවර කුසල් කළ ලඳ මුදා රේ
බැස වඳු ලදේ ගැටුලාගම් විහා රේ

129 සෙනා දිදී එන සෙනගන් නොඹා ඇ ඳු[242]
පීනා සසර සාගරයන් ගෙවා යෙ දූ
නානා මේ යුදයදී මුදුනත් තබා ඉ ඳු
නුනා පැලඳි සළු මුදුනත් තබා ව ඳු

සන්දේශය ඉදිරිපත් කිරීම

130 මවා නික සිතින් එළු පද පතල ක ර[243]
පැවා සේක බුවණෙක අදහසින් ක ර
පාවා දීපු රට තොට පට පහස් ක ර
බෝවා ආසිරින් මා නිදහසක් ක ර

131 නරනිඳු බුවණේක[244] යන නම නිරිඳු වෙ ත
පුර ඉඳු සඳ සිසිර ගොත් කැළුමෙන් දිමු ත
සුරණිඳු කරුණු කුළුනින් රට දෙවු වෙ ත
පරසිඳු උලගල්ලේ මැතිඳුට වේ ය සෙ ත

---

242 නොඹා ඉඳු M1
243 මවා නික සිතින් එළු පද පතල කර (NM 2175 catalogue entry) මවා නික සිතින් එළු පුද පවර කර BL, M1, M2
244 භුවණේක BL

උප ග්‍රන්ථ 1

අෂ්ටනාරි සන්දේශයේ පද්‍ය අත්පිටපත් අතර බෙදී යන හා අතිච්ඡාදනය වන අයුරු

අත්පිටපත් පිළිබඳ පෙර සටහන

BL මෙම අත්පිටපතේ පත්ඉරු 27 හා එක් පිටුවක කවි හතර බැගින් කවි 108ක් අඩංගු වේ. පළමු පත්‍රයේ පළමු පිටුව 1a ලෙසත් එම පත්‍රයේ පසු පිටුව 1b ලෙසත් මෙම ප්‍රකාශනයේ සඳහන් කර ඇත. ඒ අනුව පළමු වන පිටුවේ පළමු වන පද්‍යය සඳහන් කිරීමට 1a.1 හා පසු පිටුවේ පළමු වන පද්‍යය සඳහන් කිරීමට 1b.1 යනාදි වශයෙන් අංක මෙම ප්‍රකාශනයේ භාවිත කරන ලදි.

M1 මෙම අත්පිටපතේ දෙපැත්ත ම ලියූ පත්‍ර පිටු 18 හා එක් පිටුවක කවි හය බැගින් කවි 108ක් අඩංගු වේ. පළමු වන පිටුවේ පළමු වන පද්‍යය සඳහන් කිරීමට 1.1 හා පළමු වන පිටුවේ අවසාන පද්‍යය සඳහන් කිරීමට 1.6 යනාදි වශයෙන් අංක මෙම ප්‍රකාශනයේ භාවිත කරන ලදි.

M2 මෙම අත්පිටපතේ දෙපැත්ත ම ලියූ පත්‍ර පිටු 18 හා එක් පිටුවක කවි හය බැගින් කවි 108ක් අඩංගු වේ. පළමු වන පිටුවේ පළමු වන පද්‍යය සඳහන් කිරීමට 1.1 හා පළමු වන පිටුවේ අවසාන පද්‍යය සඳහන් කිරීමට 1.6 යනාදි වශයෙන් අංක මෙම ප්‍රකාශනයේ භාවිත කරන ලදි.

PV මෙම අත්පිටපතේ කවි 83 අඩංගු වේ. එම සියලු පද්‍යයන් PV 1 සිට PV 83 වශයෙන් මෙම ප්‍රකාශනයේ අංක කරන ලදි.

A1 මෙම අත්පිටපතේ පද්‍ය 58 ක් ගැටුලාගත් විහාරයට යන අෂ්ටනාරි සන්දේශයේ පද්‍යවලට සමාන වේ. එම පද්‍ය A1.1 සහ A1.2 ආදි වශයෙන් මෙම ප්‍රකාශනයේ නම් කර ඇත.

අත්පිටපත් අතර පද්‍ය බෙදී යාම

#	BL	M1	M2	PV	A1
	සන්දේශය දියත් කිරීම සහ කවියා සැමරීම				
1	BL 1a.1	M1 1.1	M2 1.1		
2	BL 1a.2	M1 1.2	M2 1.2		
3	BL 1a.3	M1 1.3	M2 1.3		
4	BL 1a.4	M1 1.4	M2 1.4		
	යුවතියන් අට දෙනොගේ සුන්දරත්වය වර්ණනා කිරීම				
5	BL 1b.1	M1 1.5	M2 1.5	PV 1	
6	BL 1b.2.	M1 1.6	M2 1.6		
7	BL 1b.3	M1 2.1	M2 2.1		
8	BL 1b.4.	M1 2.2	M2 2.2		A1 6
9	BL 2a.1.	M1 2.3	M2 2.3		A1 7
10	BL 2a.2	M1 2.4	M2 2.4	PV 2	A1 8
11	BL 2a.3	M1 2.5	M2 2.5	PV 3	A1 9
12	BL 2a.4	M1 2.6	M2 2.6		A1 10
13	BL 2b.1	M1 3.1	M2 3.1	PV 4	A1 11
14	BL 2b.2	M1 3.2	M2 3.2		A1 12
15	BL 2b.3	M1 3.3	M2 3.3	PV 5	A1 13
16	BL 2b.4	M1 3.4	M2 3.4	PV 6	A1 14
17	BL 3a.1	M1 3.5	M2 3.5	PV 7	A1 15
	මාර්ග වර්ණනා කිරීම				
	සමනොල කන්ද				
18	BL 3a. 2	M1 3.6	M2 3.6	PV 8	A1 20
	මීගහකුඹුර				
19	BL 3a.3	M1 4.1	M2 4.1	PV 9	A1 21
	උයන්වත්ත				
20	BL 3a.4	M1 4.2	M2 4.2	PV 10	A1 22
	වල්පොළ				
21	BL 3b.1	M1 4.3	M2 4.3	PV 11	A1 23
	කඩවත කැලේ				
22	BL 3b.2	M1 4.4	M2 4.4	PV 12	A1 24
	කොල්ලැගල				
23	BL 3b.3	M1 4.5	M2 4.5	PV 13	A1 25

24					A1 26
25					A1 27
	බටුපිටිගම				
26	BL 3b.4	M1 4.6	M2 4.6	PV 14	A1 28
	රංදෙනිවෙල				
27	BL 4a.1	M1 5.1	M2 5.1	PV 15	A1 29
28	BL 4a.2	M1 5.2	M2 5.2	PV 16	
	යද්දෙස්සා කන්ද				
29	BL 4a.3	M1 5.3	M2 5.3	PV 17	A1 30
30					A1 31
	දොළුකන්ද				
31	BL 4a.4	M1 5.4	M2 5.4	PV 18	A1 32
32					A1 33
	දූනුපත්තාංග				
33	BL 4b.1	M1 5.5	M2 5.5	PV 19	A1 34
	වැල්ලාගල				
34	BL 4b.2	M1 5.6	M2 5.6	PV 20	A1 35
35	BL 4b.3	M1 6.1	M2 6.1		A1 36
36					A1 37
37					A1 38
	මුදන්නාපොල				
38	BL 4b.4	M1 6.2	M2 6.2		A1 39
39	BL 5a.1	M1 6.3	M2 6.3		A1 40
40	BL 5a.2	M1 6.4	M2 6.4		A1 41
41	BL 5a.3	M1 6.5	M2 6.5		A1 42
42	BL 5a.4	M1 6.6	M2 6.6		A1 43
	මාගුරුඔය				
43	BL 5b.1	M1 7.1	M2 7.1	PV 21	A1 44
	අළුපොතගන් වෙල				
44	BL 5b.2	M1 7.2	M2 7.2	PV 22	A1 45
45					A1 46
46					A1 47
47					A1 48
	විල්ගන්දෙමට වැව				
48	BL 5b.3	M1 7.3	M2 7.3	PV 23	A1 49

	බලළුවාගාරය				
49	BL 5b.4	M1 7.4	M2 7.4	PV 24	A1 50
	තිස්සෝ වෙල				
50	BL 6a.1	M1 7.5	M2 7.5	PV 25	A1 51
	යොත්ගම				
51					A1 52
	සේරුගොල්ල				
52	BL 6a.2	M1 7.6	M2 7.6	PV 26	A1 53
53					A1 54
	නුවරකන්ද				
54	BL 6a.3	M1 8.1	M2 8.1	PV 27	A1 55
55					A1 56
	දැදුරුඔය				
56	BL 6a.4	M1 8.2	M2 8.2	PV 28	A1 57
57					A1 58
58					A1 59
	තින්දගම				
59	BL 6b.1	M1 8.3	M2 8.3	PV 29	A1 60
60					A1 61
	දිවුල්වැව				
61	BL 6b.2	M1 8.4	M2 8.4	PV 30	A1 62
62					A1 63
63					A1 64
64					A1 65
	කිඹුල්වාණ ඔය				
65	BL 6b.3	M1 8.5	M2 8.5	PV 31	A1 66
	හඳපාන්ගම				
66	BL 6b.4	M1 8.6	M2 8.6	PV 32	A1 67
	කිරිලා ගෙදර				
67				PV 33	
	පලුගස්සෑව				
68				PV 34	
	මොරගස්වැව				
69	BL 7a.1	M1 9.1	M2 9.1	PV 35	
	මැටියක්ගම				
70	BL 7a.2	M1 9.2	M2 9.2	PV 36	

	නාගොල්ල			
71	BL 7a.3	M1 9.3	M2 9.3	PV 37
	කරබේ පිදිවිල්ල			
72				PV 38
	දහනග්ගම			
73	BL 7a.4	M1 9.4	M2 9.4	PV 39
	නියදවනේ			
74	BL 7b.1	M1 9.5	M2 9.5	PV 40
	පොතුවැල්පිටිය			
75	BL 7b.2	M1 9.6	M2 9.6	PV 41
	තල්පත්ගිරි කන්ද			
76	BL 7b.3	M1 10.1	M2 10.1	
	පාම්හං කන්ද			
77	BL 7b.4	M1 10.2	M2 10.2	
	යාපහු ගම් ගිරිය			
78	BL 8a.1	M1 10.3	M2 10.3	
	කට්ටඹු ගම් ගිරඟ			
79	BL 8a.2	M1 10.4	M2 10.4	
	මුණමොල			
80	BL 8a.3	M1 10.5	M2 10.5	
	මී ඔය			
81	BL 8a.4	M1 10.6	M2 10.6	
	නාපාඇල්ල			
82	BL 8b.1	M1 11.1	M2 11.1	PV 42
	උඹරාපොල			
83	BL 8b.2	M1 11.2	M2 11.2	PV 43
	රඹාවැව			
84	BL 8b.3	M1 11.3	M2 11.3	PV 44
	දෙමටගම්පිටිය			
85	BL 8b.4	M1 11.4	M2 11.4	PV 45
	ගල්කිරියා කන්ද			
86	BL 9a.1	M1 11.5	M2 11.5	PV 46
	ගල්කිරියා වැව			
87	BL 9a.2	M1 11.6	M2 11.6	PV 47
	බොරවැව			
88				PV 48

	තලඅඳපිටිය			
89	BL 9a.3	M1 12.1	M2 12.1	PV 49
	සියඹලංගොමුව			
90	BL 9a.4	M1 12.2	M2 12.2	PV 50
	හබරවත්ත			
91	BL 9b.1	M1 12.3	M2 12.3	PV 51
	කඳුලුගමු වෙල			
92				PV 52
	කල්ලන්චිය			
93	BL 9b.2	M1 12.4	M2 12.4	PV 53
	නැගම			
94	BL 9b.3	M1 12.5	M2 12.5	PV 54
95	BL 9b.4	M1 12.6	M2 12.6	PV 55
	නියන්ගම			
96	BL 10a.1	M1 13.1	M2 13.1	BPV 56
	වලස්වැව			
97	BL 10a.2	M1 13.2	M2 13.2	PV 57
	අවුකොණ			
98	BL 10a.3	M1 13.3	M2 13.3	PV 58
	කලා ඔය			
99	BL 10a.4	M1 13.4	M2 13.4	PV 59
	පුලියම්කුලම			
100	BL 10b.1	M1 13.5	M2 13.5	PV 60
	මයිලං පෙරුමාව			
101	BL 10b.2	M1 13.6	M2 13.6	PV 61
	මුඩපෙරුමාගම			
102	BL 10b.3	M1 14.1	M2 14.1	PV 62
	ඉහළගම කාගම			
103	BL 10b.4	M1 14.2	M2 14.2	PV 63
	රත්නාගල හල්මිලවැව			
104	BL 11a.1	M1 14.3	M2 14.)	PV 64
105	BL 11a.2	M1 14.4	M2 14.4	PV 65
	ඇටවීර වැව			
106	BL 11a.3	M1 14.5	M2 14.5	PV 66
	නොච්චිකුලම			
107	BL 11a.4	M1 14.6	M2 14.6	PV 67

	කෝරුවැව			
108	BL 11b.1	M1 15.1	M2 15.1	
	කදුරුවෑගම			
109	BL 11b.2	M1 15.2	M2 15.2	PV 68
	මාමිනියාව			
110	BL 11b.3	M1 15.3	M2 15.3	PV 69
	අඹතලේ වෙල			
111	BL 11b.4	M1 15.4	M2 15.4	PV 70
	රිටිගල			
112	BL 12a.1	M1 15.5	M2 15.5	PV 71
	අඹතලේ			
113	BL 12a.2	M1 15.6	M2 15.6	PV 72
	කනන්පේඩියාගම			
114	BL 12a.3	M1 16.1	M2 16.1	
	කෝරංකුලම			
115	BL 12a.4	M1 16.2	M1 16.2	
	කෂ්ටමුරින්වාන			
116	BL 12b.1	M1 16.3	M2 16.3	PV 73
	සොදවිල			
117	BL 12b.2	M1 16.4	M2 16.4	PV 74
	උලගල්ල පාරම්පරික උරුමය වර්ණනා කිරීම			
	උලගල්ල වැව			
118	BL 12b.3	M1 16.5	M2 16.5	PV 75
119	BL 12b.4	M1 16.6	M2 16.6	PV 76
	උලගල්ල උරුමය සහ කළු කුමාර මන්දිරය			
120	BL 13a.1	M1 17.1	M2 17.1	
121	BL 13a.2	M1 17.2	M2 17.2	PV 77
122	BL 13a.3	M1 17.3	M2 17.3	PV 78
	මාර්ගයේ ඉතිරි වර්ණනා			
	මාරාකුලම			
123	BL 13a.4	M1 17.4	M2 17.4	PV 79
	උට්ටිමඩුව			
124	BL 13b.1	M1 17.5	M2 17.5	PV 80
	ඔරුක්කුමාන් කුලම			
125	BL 13b.2	M1 17.6	M2 17.6	PV 81
	ගැටුලාගම් විහාරේ වන්දනාව			

126	BL 13b.3	M1 18.1	M2 18.1	PV 82
127	BL 13b.4	M1 18.2	M2 18.2	PV 83
128	BL 14a.1	M1 18.3	M2 18.3	
127	BL 13b.4	M1 18.2	M2 18.2	PV 83
128	BL 14a.1	M1 18.3	M2 18.3	
129	BL 14a.2	M1 18.4	M2 18.4	

සන්දේශය ඉදිරිපත් කිරීම

| 130 | BL 14a.3 | M1 18.5 | M2 18.5 |
| 131 | BL 14a.4 | M1 18.6 | M2 18.6 |

උපග්‍රන්ථ 2
ඇසුරු කළ ග්‍රන්ථ සහ මූලාශ්‍ර

Andirishāmi, HB. (1909) Nārisath Sandēśaya, Kandy.

Appuhāmy, M D Dāmpi. (1909) Aṣhtanārī Sandēśaya. Sanka Magazinee. 2004. January-June Volume. Cultural Affairs Department. Colombo.

Arangala, Rathnasiri. (2021). Athpiyapathvala panena lekak dosha ha mulapata sanskaranayedi patanthara dakvime vadagathkama. 11 - 03 Volume, ISSN 2279-2020. Jathika Pusthakala ha Pralekana Seva Mandalaya.

Bandaranayake, B. (2021). South Indian Brahmins in Sri Lankan Culture: Assimilation in Sath Korale & Kandyan Regions. Melbourne, Australia.

Bandaranayake, Bandara. (2022). Immigrants from Madurapura: A Collection of Ola-leaf Manuscripts in Sri Lanka. Melbourne, Australia.

Chaturvedi, BM, (1996). Some unexplained aspects of Rasa Theory. Vidyanidhi Prakashan. New Dilli.

D'Oyly, L (1995) Diary of Mr John D'Oyly, 1810-1815. Lake House Bookshop. Colombo.

Danansuriya, J. (200s). Sinhala Padya Sahithya – Mahanuwara Yugaye sita Dahanawawana Siyawase aga bagaya dakva. Kurunegala Sasthriya Sandrahaya. Part 2. Provincial Council North-Western.

Davy, J (1821) An Account of the Interior of Ceylon and its Inhabitants. London.

De Silva, W A (1927). Sinhalese Vittipot (books of events) and Kadayimpot (books of division boundaries). The Journal of the Ceylon Branch of the Royal Asiatic Society of Great Britain & Ireland, 1927, Vol. 30, No. 80, Parts I, II, III and IV. (1927), pp. 303-325 http://www.jstor.com/stable/43483797

De Silva, W. A (1938). Catalogue of Palm Leaf Manuscripts. Vol 1. Memoirs of the Colombo Museum. Series A No 4. Ceylon Government Press. Colombo.

De Silva, W. A. (1927) Sinhalease Viththi pot (books of Incidents) and Kadaimpot (Books Division Boundaries). The Journal of the Ceylon Branch of the Royal Asiatic Society of Great Britain & Ireland, Vol. 30, No. 80, Parts I, II, III and IV. pp. 303-325

Dharmasena Bandara Y M. (2011) Mahasammatha Vitti Book, in Nikawa Gampaha Aththayen Bindak.

Disanayake, Ilangasinghe M. (2007). Pothuwe Wel Vidane.

Ferguson, John. (1893) "Ceylon in 1893: Progress of the Island since 1803". Observer Press. Colombo.

Ghosh, Manomohan (2002). Natyasastra. ISBN 81-7080-076-5.

Godakumbura C.E. (1955). Sinhalese Literature, Colombo

Godakumbura, C E eds (1953). Hansa Sandēśaya. Colombo

Gonda, Jan. (1984). A History of Indian Literature. Vol 3. Wiesbaden.

Haksar, A.N.D. (1995) Glimps of Sanskrit Literature. Indian Council of Cultural Relations.

https://web.archive.org/web/20070212060836/http://www.parashakthitemple.org/pages/ashta_lakshmi.aspx

https://www.dinamina.lk/2021/03/30/Baratha ganithaya

https://www.wikipedia.org/

Indrapala K. (1969). Early Tamil Settlements in Ceylon. The Journal of the Ceylon Branch of the Royal Asiatic Society of Great Britain & Ireland, 1969, New Series, Vol. 13 (1969), pp. 43-63.https://www.jstor.org/stable/43483465.

Indrapala, K. (1970). The origin of the Tamil Vanni chieftains of Ceylon. Journal of the Humanities, July 1970, Vol 1, No 2 ISSN 2279-2120

Jayasekara, Mala Wasanthi. (218). Kotte Yugaye Sandesha Kavya ha Thotagamuve Sri Rahula. Godage Brothers, Colombo.

Karunananda, U B. (2005). Nuvarakalāviya, 1815-1900, S Godage Brothers. Colombo.

Kumaraswami, Ananda. (1932). Myths of Hidus and Buddhists. George G Harrap. London.

Kuruwita, Rangana. (2022). Ithibiso Jathakaya ha Ithibiso Jathaka Kawya, Surya Prakashakayo. Colombo.

Kuruwita, Rangana. (2015). Kurunegala Vistharaya, Surya Prakashakayo. Colombo

Macdonell, A. (1900). A history of Sanskrit Literature. New York

Marambe, A J W. (1926). Thrisinhale Kadayim saha Viththi. Lankadeepa Printers, Kandy.

Marchand, Peter The Yoga of the Nine Emotions: The Tantric Practice of Rasa Sadhana Paperback – Illustrated, 21 April 2006

Modder, F (1893), Kurunegala Wistharaya with Notes on Kurunegala ancient and Modern, No. 44 Journal of Royal Asiatic Society (Ceylon) Vol XIII

Moratuvagama, HM. (1997). Sinhala Sandesha Kavya. Godage Brothers, Colombo.

Nanayakkara, Kaveesha (2019) The importance and value of 'Sandesha Kāvya' in Sri Lanka. URI: http://repository.kln.ac.lk/handle/123456789/22984

Nevill, Hugh. (1955). Sinhala Verse Part 3. Colombo.

Obeyesekere, Gananath (2016). Caste Conflicts and Discourses during the Kandyan Kingdom: evidence from the Matale District. Keynote Speech 19 November 2016. International Centre for Ethnic Studies.

Obeyesekere, Gananath (ed. 2005) Vanni Upatha, Vanni Vitti and Vanni Kadayim potha, S Godage & Brothers.

Obeyesekere, Gananath (ed. 2005). Bandarawali and Kadayim Poth, S Godage & Brothers.

Obeyesekere, Gananath (ed. 2005). Malala Viththiya, Malala Kathawa saha Rajasinghe Rajuge Pruthigisi Satan Pilibandawa sandahan Vitti book, S Godage & Brothers

Obeyesekere, Gananath (ed. 2005). Vanni Rajawaliya, S Godage & Brothers.

Obeyesekere, Gananath. (1984).. The Cult of the Goddess Pattini. University of Chicago.

Obeyesekere, Gananath. (2004). The Matrilineal East Coast Circa 1968: Nostalgia and Post Nostalgia in Our Troubled Time. Speech on 2004 July

Obeyesekere, Gananath. (2013). The Coming of Brāhmins Migrants: The Śudra Fate of an Indian Elite in Sri Lanka. Faculty of Social Sciences at South Asian University, New Delhi Presents Contributions to Contemporary Knowledge Lecture Series – 2013.

Obeyesekere, Gananath. (2017). Between Portuguese and the Nayakas: the many faces of the Kandyan Kingdom, 1591-1765, Sr Lanka at the Crossroads of History, Z Biedermann and A Strathern (ed. 1917).

Obeyesekere, Gananath. (2017). The Doomed King, Sailfish Colombo, 2017.

Obeyesekere, Gananath. (2019). On Mundukondapola: Resurrecting the History of a Defunct Kingdom. Sri Lanka Journal of Sociology Vol- 01 – 2019.

Obeyesekere, M. (2016). Kanda Udarata Samaja sanwidanaya saha Prabhuwaru, 2016, Samanthi Prakashakayo, Jaela.

Peiris, Edmond. (1947). The Maga Salakuna. The Journal of the Ceylon Branch of the Royal Asiatic Society of Great Britain & Island. Vol. 37. No. 104. PP 205-220.

Pollock, Sheldon (26 April 2016). A Rasa Reader: Classical Indian Aesthetics. Columbia University Press. p. 48. ISBN 978-0-231-54069-8.

Raghavan, MD (1964). India in Ceylonese History, Society and Culture. Indian Council for Cultural Relations Mew Delhi* 1964.

Raghavan, MD (1964a). Tamil culture in Ceylon: A general Introduction, Indian Council for Cultural Relations Mew Delhi* 1964.

Raghavan, MD. (1961). Karawa of Ceylon: Society and Culture, KVG De Silva & Sons, Colombo. 1961.

Rajakaruna, Shakila. (2021). Mahanuwara samaye puskola lekana rachana kirima ho karawima pinisa tathkalina sedahawathun meheyavunu agamika iganvim kipayak. 11 - 03 Volume, ISSN 2279-2020. Jathika Pusthakala ha Pralekana Seva Mandalaya.

Ray, Suchismita. (2022), The Rasa and Literary criticism in Sanskrit Poetics. International journal of creative research thoughts. © 2022 IJCRT | Volume 10, Issue 4 April 2022 | ISSN: 2320-2882

Sannasgala, P (1964) Sinhala Sahithya Wansaya. Lakehouse Printers. Colombo.

Sastri, Krishna H. (1916). South Indian Images of Gods and Goddesses. Madras Government Press.

Somadasa, KD (1993). Catalogue of the Hugh Nevill Collection of Sinalese Manuscripts in the British Library. Volume 5. The British Library.

Sugathawansa, Rev. Hatharabage. (215). Pali Sandesha Sahithya. Godage Brothers, Colombo.

Sumanajothi, Degammada (1966). Theruwan Mala. Colombo.

Suraweera, AV. (2014). The Rajavaliya: An Account of the Rulers of Sri Lanka and the First Ever Translation of the Alakesvara Yuddhaya

Thabrew, Vvian De. (2017). Poems of Nature in Sandesha Poetry. Godage Brothers, Colombo.

Thilakasiri, S. (2005). Sinhala Sandesha Kavyaye Deshapalana Pasubima. Godage Brothers, Colombo.

Thilakasiri, S. (2008). Sinhala Sandesha Kavyaye Samaja Pasubima. Godage Brothers, Colombo.

Thilakasiri, S. (2013). Sandesha Kavyaye saha Sahithya. Godage Brothers, Colombo.

Thilakasiri, Siri. (2013). Sandesha Kāvya Sahithya, S Godage Publishers, Colombo.

Wajirajnana Horana. (1992). Sinhala Sahithya Grantha Pradipika. Colombo.

www.sreenivasaraos.com/tag/Kāvya-alamkara-sutra-vritti

www.wisdomlib.org/definition

උපග්‍රන්ථ 3

කර්තෘ ගැන

බණ්ඩාර බණ්ඩාරනායක, ඔහුගේ අධ්‍යාපනවේදී ගෞරව (B.Ed Hons.) උපාධිය හා ශාස්ත්‍රපති (M.Phil) උපාධිය කොළඹ විශ්ව විද්‍යාලයෙන් ද ආචාර්ය උපාධිය (PhD) මොනෑෂ් විශ්ව විද්‍යාලයෙන් ද සම්පූර්ණ කළේ ය.

පළමු උපාධියෙන් පසු ඔහු ශ්‍රී ලංකාවේ අධ්‍යාපන අමාත්‍යාංශයට බැඳී ගුරුවරයකු ලෙස ද පසු ව ජ්‍යෙෂ්ඨ පරිපාලන නිලධාරිවරයකු ලෙස ද සේවය කළේ ය. ආචාර්ය උපාධිය සම්පූර්ණ කිරීමෙන් අනතුරු ව මොනෑෂ් විශ්ව විද්‍යාලයේ කෙටි කාලීන සේවා කාලයකින් පසු ඔහු රාජ්‍ය පරිපාලන සේවයට බැඳුණේ ය. ඔහු දශක තුනකට ආසන්න කාලයක් නවසීලන්තයේ අභ්‍යන්තර කටයුතු දෙපාර්තමේන්තුවේ ද, ඕස්ට්‍රේලියාවේ නවෝත්පාදන, කර්මාන්ත හා ප්‍රාදේශීය සංවර්ධන දෙපාර්තමේන්තුවේ සහ අධ්‍යාපන හා පුහුණු කටයුතු දෙපාර්තමේන්තුවේ ද ජ්‍යෙෂ්ඨ රාජ්‍ය ප්‍රතිපත්ති උපදේශක තනතුරු කිහිපයක් දැරී ය.

ඔහුගේ පර්යේෂණ විශේෂඥතාව වන්නේ අධ්‍යාපන පරිපාලනය, රාජ්‍ය අංශයේ ආචාර ධර්ම, රාජ්‍ය ප්‍රතිපත්ති විශ්ලේෂණය, සංස්කෘතික මානව විද්‍යාව, සමාජ මනෝ විද්‍යාව, සහ පරිණාමීය මනෝ විද්‍යාව ය. ඔහු පොත් කිහිපයක් හා සඟරා ලිපි ගණනාවක් ප්‍රකාශයට පත් කර තිබේ.

වර්තමානයේ ඔහු මෙල්බන් නුවර ස්වාධීන පර්යේෂණ හා සායනික මනෝචිකිත්සක සේවා කටයුතුවල නිරත ව සිටියි.

bandaranayakeb@gmail.com මගින් ඔහු සම්බන්ධ කරගත හැකි ය.

www.ingramcontent.com/pod-product-compliance
Lightning Source LLC
Chambersburg PA
CBHW072009290426
44109CB00018B/2182